ケース別

地域社会の迷惑行為 困難事案対応のヒント

共編 中村　　剛（弁護士）
　　　中村 英示（弁護士）
　　　古屋 丈順（弁護士）

　著 遠藤 真紀（弁護士）
　　 荻野 友輔（弁護士）
　　 木村 裕史（弁護士）
　　 森　 伸恵（弁護士）

新日本法規

は　し　が　き

　社会には、さまざまな迷惑行為があるものです。ゴミの不始末や騒音といった伝統的なものから、公共の場での動画撮影やネットへの書き込み、感染症流行下でのマスクの非着用といった今日的なものまで。

　価値観が多様化した今どきでは、他人の行為を「迷惑行為」であると主張して邪魔をする迷惑行為まで行われており、弁護士の元に持ち込まれる相談も多種多彩になっています。これまでに考えたこともなかったような迷惑行為への対応を求められることもしばしばです。

　そうしたときに悩ましいのは、法律によって解決が可能な場合と、そうでない場合、つまり法律による解決が難しい、あるいは可能であっても現実的ではないといった場合があることです。では、法律的に解決が難しい場合に、迷惑行為を甘受するしかないのかと言えば、必ずしもそうではありません。法律の枠内で行うことのできる事実上の対処や、自衛の工夫を見出すことで、迷惑行為に悩まされている現状を少しでも良くすることは可能である、という場合がほとんどなのです。

　本書では、一見すると法律的な対応の難しい迷惑行為の事例を、多数取り上げました。それらについて、行政、ネット、ＬＧＢＴ、高齢者や子ども、犯罪被害や組織犯罪対策、クレーマー対策といった、それぞれの得意分野を持つ弁護士たちが、自身の元にこのような相談が持ち込まれた場合にどのようにアドバイスをすればよいのか、あるいは自分自身や家族がそうした迷惑行為に見舞われた場合にどのように対応をすればよいのか、真剣に頭を悩ませて、解決案を示しました。

　本書が、迷惑行為に苦しめられている方々にとっての一助として、あるいは、弁護士、自治体、警察などに迷惑行為の相談が持ち込まれた場合のヒントとして、役立てられることを期待しています。

　令和5年10月

編集者を代表して

弁護士　中　村　　剛

編集者・執筆者紹介

《編集者》

中 村　　剛

平成14年　弁護士登録（東京弁護士会）

カリフォルニア大学バークレー校客員研究員、東京弁護士会民事介入暴力対策特別委員会副委員長、暴追都民センター相談員、警視庁職員相談員研修講師等を歴任

＜主要著書等＞

『民事介入暴力対策マニュアル　第4版』（編著、ぎょうせい、平成21年）、『事例でわかる　警察官のための生活安全相談の手引　補訂版』（編著、新日本法規出版、令和3年）

中 村 英 示

平成15年　弁護士登録（東京弁護士会）

東京弁護士会自治体連携センター長代行、東京弁護士会民事介入暴力対策特別委員会委員、東京弁護士会自治体等法務研究部部長、東京弁護士会業務改革委員会委員

＜主要著書等＞

『金融・商事判例別冊　反社会的勢力を巡る判例の分析と展開』（共著、経済法令研究会、平成26年）、『自治体が原告となる訴訟の手引き　債権法改正が自治体実務に与える影響　民法改正編・貸付金編』（共著、日本加除出版、令和2年）、『自治体が原告となる訴訟の手引き　公営住宅編』（共著、日本加除出版、令和3年）ほか

古 屋 丈 順

平成18年　弁護士登録（東京弁護士会）

日本弁護士連合会弁護士業務改革委員会幹事、東京弁護士会民事介入暴力対策特別委員会委員等

＜主要著書等＞

『近隣トラブル　解決のポイントと和解条項』（共著、新日本法規出版、令和4年）、「生命保険分野における暴力団排除の方策に関する契約法的観点からの考察（上）（下）」（共著、NBL930・931号、商事法務、平成22年）、『民事介入暴力対策マニュアル　第5版』（共著、ぎょうせい、平成27年）ほか多数

《執筆者》

遠 藤 真 紀

令和元年　弁護士登録（東京弁護士会）

東京弁護士会民事介入暴力対策特別委員会委員

＜主要著書等＞

「自動運転車と刑事責任の概論的考察」（著、中央ロー・ジャーナル15巻4号143−165頁、中央大学法科大学院、令和元年）ほか

荻 野 友 輔

平成21年　弁護士登録（東京弁護士会）

東京弁護士会民事介入暴力対策特別委員会副委員長、関東弁護士会連合会民事介入暴力対策委員会委員

＜主要著書等＞

『民事介入暴力対策マニュアル　第5版』（共著、ぎょうせい、平成27年）、『企業による暴力団排除の実践』（共著、商事法務、平成25年）ほか

木村　裕史

平成22年　弁護士登録（東京弁護士会）

東京弁護士会民事介入暴力対策特別委員会副委員長、関東弁護士会連合会民事介入暴力対策委員会委員、東京弁護士会弁護士業務妨害対策特別委員会副委員長等

＜主要著書等＞

『クレーマー対応の実務必携Ｑ＆Ａ』（共著、民事法研究会、令和3年）、『悪質クレーマー・反社会的勢力対応実務マニュアル』（共著、民事法研究会、平成30年）、『民事介入暴力対策マニュアル　第5版』（共著、ぎょうせい、平成27年）ほか

森　　　伸恵

平成27年　弁護士登録（東京弁護士会）

東京弁護士会民事介入暴力対策特別委員会委員

＜主要著書等＞

『LGBT　はじめての労務管理対応マニュアル』（著、労働調査会、令和3年）、『スポーツにおけるハラスメントの弁護士実務』（共著、第一法規、令和3年）、「LGBT労務管理の新展開」（著、人事労務実務のＱ＆Ａ　2023年1月号、日本労務研究会、令和4年）、『中小企業のLGBT・SOGI入門』（著、商工ジャーナル2022年12月号別冊付録、商工中金経済研究所、令和4年）ほか多数

略　語　表

<法令の表記>

　根拠となる法令の略記例及び略称は次のとおりです。〔　〕内は本文中で用いる法令の略称を示します。

　　道路交通法第120条第1項第10号＝道交120①十

外来生物	特定外来生物による生態系等に係る被害の防止に関する法律〔外来生物法〕	鳥獣保護	鳥獣の保護及び管理並びに狩猟の適正化に関する法律〔鳥獣保護法〕
外来生物令	特定外来生物による生態系等に係る被害の防止に関する法律施行令	道交	道路交通法
		動物愛護	動物の愛護及び管理に関する法律〔動物愛護法〕
河川	河川法	動物愛護則	動物の愛護及び管理に関する法律施行規則
河川令	河川法施行令	道路	道路法
刑	刑法	道路令	道路法施行令
軽犯	軽犯罪法	都園	都市公園法
計量	計量法	廃棄物	廃棄物の処理及び清掃に関する法律〔廃棄物処理法〕
憲	日本国憲法		
建基	建築基準法		
雇均	雇用の分野における男女の均等な機会及び待遇の確保等に関する法律	廃棄物令	廃棄物の処理及び清掃に関する法律施行令
児童虐待	児童虐待の防止等に関する法律〔児童虐待防止法〕	配偶者暴力	配偶者からの暴力の防止及び被害者の保護等に関する法律〔DV防止法〕
児福	児童福祉法		
少年	少年法	風営	風俗営業等の規制及び業務の適正化等に関する法律〔風営法〕
消防	消防法		
ストーカー	ストーカー行為等の規制等に関する法律〔ストーカー規制法〕		
		民	民法
		民訴	民事訴訟法
精神福祉	精神保健及び精神障害者福祉に関する法律	旅館	旅館業法
		労契	労働契約法
騒音規制	騒音規制法	老福	老人福祉法
知的障害	知的障害者福祉法		

＜判例の表記＞

　根拠となる判例の略記例及び出典の略称は次のとおりです。

　最高裁判所令和5年7月11日判決、裁判所時報1819号1頁
　　＝最判令5・7・11裁時1819・1

判時	判例時報	刑集	最高裁判所刑事判例集
判タ	判例タイムズ	高検速報	高等裁判所刑事裁判速報
裁時	裁判所時報	判自	判例地方自治
民集	最高裁判所民事判例集	労判	労働判例

目　次

第1章　住居等の使用に関する事案

第2章　道路に関する事案

第3章　学校・図書館・その他公共施設に関する事案

第4章　ＤＶ・ストーカー・不審者に関する事案

第5章　差別に関する事案

第6章　動物・ペットに関する事案

第7章　ゴミに関する事案

第8章　行政機関への嫌がらせ等

第 1 章

・・・・・・・・・・・・・・・・・・・・・・・・・・・・・・・

住居等の使用に関する事案

2

〔1〕　隣家の住民に「ゴミ」を片付けてもらいたい事案

　隣家の住民ががらくたにしか見えない家具や電化製品などを敷地内にため込んでいます。ため込んだものは道路にもはみ出しており、通行の邪魔になっているだけでなく、ひどい悪臭もします。また、その家の周りでは鼠を見かけることもあります。どうにかならないでしょうか。

対応のポイント

・近隣住民が独自で対応するのは容易ではない。

・「ゴミ屋敷」対策について定めた条例のある自治体では条例により自治体が対応することも可能である。いずれにしても自治体に相談することが有益。

・そのほか、限定的ではあるが、改正民法による「管理不全土地管理制度」や「管理不全建物管理制度」の利用もあり得る。

解　説

1　いわゆる「ゴミ屋敷」の問題

　本件のように、建物やその敷地内に物を集めて放置したり、敷地の雑草が繁茂すること等により、その周囲の生活環境に支障が生じることがあります。こういった建物や敷地は、一般に「ゴミ屋敷」などと呼ばれることがあります。

　このような状態が放置されると、衛生上の問題はもちろんですが、

集められたものに放火されて火災が発生するなどの防災上の問題や、犯罪の発生を生じさせる危険もあるという問題があります。そのため、近隣住民としては「ゴミ屋敷」は何とか解消したいところです。実は、そのような状態を招いてしまった当該建物の住民も、もはや自分ではそのような状態をどうすることもできなくなってしまっているのかもしれません。そうすると当該住民に片付けろというだけでは問題を解決することができないこともあります。

2　近隣住民ができること

　従前から、隣地の竹木の枝が境界線を越えるときは、その竹木の所有者に、その枝を切除させることができるとされ（民233①）、隣地の竹木の根が境界線を越えるときは、その根を切り取ることができる（民233④）という規定はありました。また、令和3年の民法改正により、土地の所有者は、隣地の竹木の枝が境界線を越える場合で、竹木の所有者に枝を切除するよう催告したにもかかわらず、竹木の所有者が相当の期間内に切除しないとき、竹木の所有者を知ることができず、又はその所在を知ることができないとき、又は急迫の事情があるときには、自らその枝を切り取ることができるようになりました（民233③）。もっとも、これらの規定は竹木の枝や根が越境しているという、「ゴミ屋敷」問題のうち僅かな部分の解消に役立つだけでしょう。

　そのほか、「ゴミ屋敷」の状況によっては、人格権侵害を理由として不法行為に基づく損害賠償請求（民709）や是正措置を求めることも、理論上はあり得ます。

　もっとも、受忍限度を超える人格権侵害があり損害が発生した、ということの立証自体容易ではないでしょう。また、賠償請求が認められても将来また同様の事態が発生することもあり得ます。さらに、是正措置といっても、具体的にその内容を確定するのが困難とも思わ

れ、これらの方法だけでは根本的な解決にはならないと思われます。

　なお、後述する、改正民法で制定された管理不全土地管理制度や管理不全建物管理制度により解決を図ることができる場合もあり得るかもしれません。

3　自治体ができること

　上記のとおり「ゴミ屋敷」によりその近隣住民の生活環境は悪化しますし、そもそも「ゴミ屋敷」を作り出した住民自身、生活意欲や判断能力の低下などにより自分ではどうにもできなくなっていることも多いといわれています。

　そのため、自治体によっては、「ゴミ屋敷」対策のため、条例を制定しています。

　条例の内容はそれを制定した地方自治体によって異なるので、実際には問題となる「ゴミ屋敷」の所在する地方自治体に相談することになりますが、大まかには、一方で当事者に対して支援をすることとし、他方で必要な措置を講じることができることなどを定めることが多いようです。

　例えば、「京都市不良な生活環境を解消するための支援及び措置に関する条例」は、まず、不良な生活環境、すなわち「建築物等における物の堆積又は放置、多数の動物の飼育、これらへの給餌又は給水、雑草の繁茂等により、当該建築物等における生活環境又はその周囲の生活環境が衛生上、防災上又は防犯上支障が生じる程度に不良な状態」（同条例2二）の解消は、できる限りそれを生じさせた者が行うこととした上で（同条例3一）、支援（同条例8以下）をすることにしています。

　また、支援と組み合わせる形で、不良な生活環境を解消するための措置として、それを解消するために必要な指導及び勧告（同条例11）や、必要な措置をとるよう命令をしたり（同条例12）、代執行や緊急安全措

置（同条例13）をとることができると定めています。

　なお、このように「ゴミ屋敷」に特化した条例が制定されている自治体でなくても、廃棄物処理条例などの中に「ゴミ屋敷」に対応する規定を設けていることもあります。そのため、当該「ゴミ屋敷」の所在する場所の自治体のウェブサイトを見て、いわゆる「ゴミ屋敷」条例が見当たらなくても、一度は自治体に相談することが有益と考えられます。

4　管理不全土地管理制度及び管理不全建物管理制度

　令和3年の改正民法により、管理不全土地管理制度及び管理不全建物管理制度が定められました。

(1)　管理不全土地管理制度とは

　所有者による土地の管理が不適当であることによって他人の権利又は法律上保護される利益が侵害され、又は侵害されるおそれがある場合において、必要があると認めるときは、利害関係人の請求により、当該土地を対象として、管理不全土地管理人による管理を命ずる処分（「管理不全土地管理命令」といいます。）をすることができるという制度です（民264の9）。管理不全土地管理命令の効力は、当該命令の対象とされた土地にある動産（当該命令の対象とされた土地の所有者又はその共有持分を有する者が所有するものに限ります。）に及びます（民264の9②）。

　この命令が発令され、管理不全土地管理人が選任されると、管理不全土地管理人は、当該命令の対象とされた土地及び当該命令の効力が及ぶ動産並びにその管理、処分その他の事由により管理不全土地管理人が得た財産の管理及び処分をする権限を有します（民264の10①）。管理不全土地管理人が処分行為をするには裁判所の許可を要しますが

（民264の10②）、管理不全土地管理命令の効力が及ぶ動産を処分する際には、所有者の同意は不要です（民264の10③反対解釈）。そのため、管理不全土地管理人は、所有者の同意なく土地上のゴミを処分することができる可能性があります。

（2）　管理不全建物管理制度とは

　所有者による建物の管理が不適当であることによって他人の権利又は法律上保護される利益が侵害され、又は侵害されるおそれがある場合において、必要があると認めるときは、利害関係人の請求により、当該建物を対象として、管理不全建物管理人による管理を命ずる処分（「管理不全建物管理命令」といいます。）をすることができるという制度です（民264の14）。管理不全建物管理命令の効力は、当該命令の対象とされた建物にある動産（当該命令の対象とされた建物の所有者又はその共有持分を有する者が所有するものに限ります。）及び当該建物を所有するための建物の敷地に関する権利（賃借権その他の使用及び収益を目的とする権利（所有権を除きます。）であって、当該命令の対象とされた建物の所有者又はその共有持分を有する者が有するものに限ります。）に及びます（民264の14②）。

　この命令が発令され、管理不全建物管理人が選任されると、管理不全建物管理人は、当該命令の対象とされた建物及び当該命令の効力が及ぶ動産等の管理及び処分をする権限を有します（民264の14④の準用する民264の10①）。管理不全建物管理人が処分行為をするには裁判所の許可を要しますが（民264の14④の準用する民264の10②）、法律上は、管理不全建物管理命令の効力が及ぶ動産を処分する際には、所有者の同意は不要です（民264の14④の準用する民264の10③反対解釈）。そのため、管理不全建物管理人は、建物内のゴミを所有者の同意なく処分することができる可能性があります。

(3)　制度利用の問題点

　これらの制度を利用することによって、「ゴミ屋敷」の解消を図ることができることもあり得ると思われます。しかし、近隣住民の申立て等に要する負担や、いわゆる「ゴミ」が土地所有者の所有物であるかどうか（管理不全土地管理命令の場合）や建物所有者の所有物であるかどうか（管理不全建物管理命令の場合）自体に疑義があり得ること等を考えると、「ゴミ屋敷」に対応する条例が制定されている場合は、まずはその適用を求める方が適当だと思われます。

（古屋　丈順）

〔2〕　空き家の雑草や「ゴミ」が大量に放置されている事案

　ここ数年隣家が空き家になっているようで、その敷地には車や電化製品、家具などが大量に放置されています。また、敷地の木の枝が私の土地に越境しており迷惑しています。空き家には、ハクビシンや鳩なども多数すみ着いているようです。現状でもひどい悪臭がありますし、このままですと放火などの危険や、空き家内で犯罪が発生することもあり得ると思います。何か良い方法はありませんか。

対応のポイント

・対策を取るためには、空き家の所有者を調査する必要がある。

・所有者が分かる場合には、その者に対して損害賠償や是正措置を求めること、地方自治体に条例に基づく対応を取るよう求めることも考えられる。

・従来からある不在者財産管理制度と相続財産管理制度のほか、改正民法の定める管理不全土地管理制度や管理不全建物管理制度だけでなく、所有者不明土地管理制度や所有者不明建物管理制度を利用して解決することもあり得る。所有者不明土地管理制度を利用する場合、建物を取り壊して更地にし、それを売却するという方法もあり得る。

解　説

1　空き家の所有者を知る必要性とそれが困難なことがあること

　いわゆる「ゴミ屋敷」については、被害を受けた近隣住民が当該ゴミ屋敷の所有者に対し、民法233条の規定に基づく竹木の枝の切除を求めたり、人格権侵害を理由とした損害賠償請求や是正措置を求めることのほか、自治体に対応を求める方法があります（〔1〕参照）。

　しかし、それらの手法の前提として、竹木の枝の切除に関する民法233条の定める例外の場合を除くほか、「ゴミ屋敷」の建物所有者やその敷地の所有者を特定する必要があります（条例についても、一般には、所有者が明らかであることが適用の前提になっているものと思われます。）。

　ところが、そもそも権利に関する登記は、令和6年4月1日から相続登記が義務化されますが、現在のところ義務ではありません。そのため、不動産登記を調査し、その記載に基づいて住民登録や戸籍を調査しても、相続登記が未了の結果、最終的な所有者や所有者の所在が分からないことがあります。

2　不在者財産管理制度と相続財産管理制度

　従前から、このような場合に対応する制度としては、不在者財産管理制度（民25①）と相続財産管理制度（民951以下）がありました。

　もっとも、これらの制度は財産全般を管理する制度であり、特定の財産を管理する制度ではありません。そのため、財産全般を管理することを前提とした事務作業が発生することになり、それを前提とした費用が必要になるという問題もあります。

3　所有者不明土地管理制度・所有者不明建物管理制度

　そのような問題に鑑み、特定の所有者不明土地を管理するための制

度である所有者不明土地管理制度や、特定の所有者不明建物を管理す
るための制度である所有者不明建物管理制度が制定されました（土地
につき民264の2以下、建物につき民264の8以下）。以下、制度の概要を紹介し
つつ、これらの制度が「ゴミ屋敷」問題にどう使えるのか、検討しま
す。

（1）　所有者不明土地管理制度

　裁判所は、所有者を知ることができず、又はその所在を知ることが
できない土地について、必要があると認めるときは、利害関係人の請
求により、その請求に係る土地又は共有持分を対象として、所有者不
明土地管理人による管理を命ずる処分（以下「所有者不明土地管理命
令」といいます。）をすることができます（民264の2①）。

　所有者不明土地管理命令の効力は、当該所有者不明土地管理命令の
対象とされた土地にある動産に及びます（民264の2③）。

　また、所有者不明土地管理人が選任された場合には、所有者不明土
地管理命令の対象とされた土地及び所有者不明土地管理命令の効力が
及ぶ動産並びにその管理、処分その他の事由により所有者不明土地管
理人が得た財産（以下「所有者不明土地等」といいます。）の管理及び
処分をする権利は、所有者不明土地管理人に専属します（民264の3①）。
もっとも、所有者不明土地管理人が、保存行為や、所有者不明土地等
の性質を変えない範囲内において、その利用又は改良を目的とする行
為を超える行為をするには、裁判所の許可が必要です（民264の3②）。

　所有者不明土地管理制度によって、いわゆる「ゴミ屋敷」について、
土地上の「ゴミ」については、裁判所の許可を得て処分することが可
能になります。

（2）　所有者不明建物管理制度

　裁判所は、所有者を知ることができず、又はその所在を知ることが
できない建物について、必要があると認めるときは、利害関係人の請

求により、その請求に係る建物又は共有持分を対象として、所有者不
明建物管理人による管理を命ずる処分（以下「所有者不明建物管理命
令」といいます。）をすることができます（民264の8①）。

　所有者不明建物管理命令の効力は、当該所有者不明建物管理命令の
対象とされた建物にある動産及び当該建物を所有し、又は当該建物の
共有持分を有するための建物の敷地に関する権利（賃借権その他の使
用及び収益を目的とする権利（所有権を除きます。）であって、当該所
有者不明建物管理命令の対象とされた建物の所有者又は共有持分を有
する者が有するものに限ります。）に及びます（民264の8②）。

　また、所有者不明建物管理人が選任された場合には、所有者不明建
物管理命令の対象とされた建物等の管理及び処分をする権利は、所有
者不明建物管理人に専属します（民264の8⑤の準用する民264の3①）。保存
行為や、所有者不明建物の性質を変えない範囲内において、その利用
又は改良を目的とする行為を超える行為をするには、裁判所の許可が
必要です（民264の8⑤の準用する民264の3②）。

　そして、管理人が建物を取り壊すことができるかどうかは解釈に委
ねられることになりますが、現在、「建物の存立を前提としてその適切
な管理を続けるのが困難なケースで、建物所有者の出現可能性などを
踏まえても建物の取壊しが建物の所有者に不利益を与えるおそれがな
いときであれば、裁判所の許可を得た上で、建物を取り壊すことは可
能である」という見解（法制審議会民法・不動産登記法部会・部会資料56　19
頁）も示されています。

　このように、所有者不明建物管理制度を用いた場合、裁判所の許可
を得て建物内の「ゴミ」を処分することはもちろん、場合によっては、
建物自体を取り壊すことができるかもしれません。これが認められれ
ば、「ゴミ屋敷」問題についての一つの解決策にもなるでしょう。

（古屋　丈順）

〔3〕　上階からの騒音に耐えられない事案

　10階建てマンションの5階に住んでいます。最近、上の階から昼夜を問わず人が跳ね回っているような音が聞こえて落ち着きません。気になって夜もゆっくり眠れないのですが、何とかならないでしょうか。

対応のポイント

・実際の対応としては、まず区分所有マンションであれば管理組合や管理会社に相談し、賃貸マンションであれば賃貸人や管理会社に相談して、住民に注意を促すのがよい。

・マンションの場合、上から音が聞こえると感じても、実際に上の階が音の発生源になっているとは限らない。騒音を発生させている人に対して具体的な請求をすることを考えるのであれば、いつ、どれくらいの大きさの音がするのか、専門業者の協力を得るなどしつつ、証拠を準備する必要がある。また、音の発生源がどこか、特定をする必要がある。

・音の発生源が特定できたとしても、いきなり訴訟を提起するよりは、可能であれば相手方と音の発生を抑えるよう協議をすることができないか、検討するのがよい。

解　説

1　騒音に関する法的規制について

　故意又は過失によって他人の権利又は法律上保護される利益を侵害した者は、これによって生じた損害を賠償する責任を負うとされます

（民709）。そのため、故意又は過失により受忍限度を超える騒音を発生させた者は、「故意又は過失によって他人の権利又は法律上保護される利益を侵害した」といえ、それによって生じた損害を賠償する義務を負うことになります。また、それを超える騒音を発生させることは人格権ないし被害者の部屋の所有権に基づく妨害排除請求としての差止めの対象になるとされます（東京地判平24・3・15判時2155・71等）。

　そして、受忍限度を超える騒音かどうかの判断に当たっては、一般には、加害者側の事情と被害者側の事情を総合して判断すべきであり、具体的には、①侵害行為の態様とその程度、②被侵害利益の性質とその内容、③侵害行為の開始とその後の継続状況、④その間にとられた被害の防止に関する措置の有無及びその内容、効果等を総合して判断するのが相当である（東京地判平21・10・29判時2057・114）などとされています。

　なお、騒音に関する法的規制としては、環境基本法による基準のほか、自治体による基準が定められていることがあります。これらの基準は、受忍限度の範囲内かどうかを検討するに当たって参考として考慮されることはありますが（東京地判平26・3・25判時2250・36）、基準を超えることが直ちに受忍限度を超える違法なものだと判断されるわけではありません。

2　証拠について

　いずれにしても、騒音を理由とした損害賠償や差止めを求めるというのであれば、騒音の状況について、客観的な証拠を用意する必要があります。

　裁判例を見ますと、騒音の立証は、単に騒音の状況を記録した日誌や、騒音を単純に録音しただけでは不十分であり、騒音計を用いたり、専門業者に依頼して騒音を測定して証拠を用意することが求められる

ようです。そのため、相手に対して訴訟を提起することを考えるのであれば、騒音を測定する専門業者への委託を検討する必要がありそうです。

　また、このような調査は、当該音がどこの部屋からするのかを考察する上でも必要と考えられます。単純に音が上の方から聞こえるので上の部屋から音が発生しているとは限らないからです。

3　具体的な対応

　上記のとおり、騒音については、損害賠償請求や差止請求が認められるかどうかは、受忍限度を超える騒音かどうかについて総合的な考慮が必要であること、騒音自体の立証に手間と費用がかかるという問題はあります。

　そのため、共同住宅内の騒音の場合は、まずは、分譲マンションであれば管理組合や管理会社、賃貸マンションであれば賃貸人や管理会社に相談して、住民に注意を促すのがよいと思われます。これにより騒音が解決し、あるいは改善する可能性もあります。

　それでは解決しない場合、騒音等の状況について、騒音の発生源と思われる者に対し、行為の差止めや損害賠償請求などを求めることになります。

　この場合も、いきなり訴訟を提起するよりは、民事調停制度を用いて話合いをすることなども検討する実益はあると思われます。共同住宅内の問題の場合、双方どちらかが転居するまでは同一建物内に居住することになりますが、問題となっている騒音の問題とは別の場面では、より良い住環境を維持するため等、両者が協同して何かをしなければならないこともあります。そうしますと、極力感情的な対立を生む危険は低い方がよいと考えられるからです。

　もっとも、話合いがうまくいかず、調停も不調に終わるようなとき

は、それでも損害賠償や行為の差止めを求めるのであれば、訴訟を提起せざるを得ません。

　この場合は、損害の立証については前述のとおり専門業者に委託して証拠収集する等、慎重な対応をする必要があると考えられます。

　この時点でどこまで騒音について専門業者への委託をするなどして証拠化しておくかは、費用の問題もありますので、将来的にどこまでするかということとの兼ね合いにもよると思われます。話合いで解決しない場合に訴訟提起をすることまで考えているのであれば、訴訟で耐えられるだけのしっかりとした証拠を確保しておく必要があるでしょう。これに対し、話合いで話がまとまらなければそれでやむを得ないのというのであれば、そこまでしっかりした証拠ではなく、自分で録音録画したりする程度で被害の実情が分かれば足りるでしょう。

（古屋　丈順）

〔4〕　児童虐待（暴力・ネグレクト）が疑われる事案

　マンションの隣室から、ここ数か月、男性の怒鳴り声と子ども
の泣き声、何かが床に落ちるような音が聞こえます。先日玄関先
でたまたま隣室に住む子どもが部屋に入るところを見かけたの
ですが、顔や腕にはアザがあり、髪の毛もボサボサでした。隣室
の子どもが大丈夫なのか不安です。

対応のポイント

・児童虐待を受けたと思われる児童を発見した者は、速やか
　に、これを市町村、都道府県の設置する福祉事務所若しく
　は児童相談所又は児童委員を介して市町村、都道府県の設
　置する福祉事務所若しくは児童相談所に通告しなければな
　らない。最寄りの児童相談所等に連絡すべきである。
・後に児童虐待の事実が認められなかったとしても、虐待の
　事実がないことを認識しながらあえて通告をした場合及び
　それに準ずる場合を除き、通告をしたことについて法的責
　任を問われることはないと考えられる。

解　説

1　「児童虐待」の可能性

　児童虐待の防止等に関する法律は、保護者（親権を行う者、未成年
後見人その他の者で、児童を現に監護するものをいいます。）がその監
護する児童（18歳に満たない者をいいます。）について行う①児童の身
体に外傷が生じ、又は生じるおそれのある暴行を加えること（身体的

虐待）、②児童にわいせつな行為をすること又は児童をしてわいせつ
な行為をさせること（性的虐待）、③児童の心身の正常な発達を妨げる
ような著しい減食又は長時間の放置、保護者以外の同居人による身体
的虐待、性的虐待又は後述する心理的虐待と同様の行為の放置その他
の保護者としての監護を著しく怠ること（ネグレクト）及び④児童に
対する著しい暴言又は著しく拒絶的な対応、児童が同居する家庭にお
ける配偶者に対する暴力（配偶者（婚姻の届出をしていないが、事実
上婚姻関係と同様の事情にある者を含みます。）の身体に対する不法
な攻撃であって生命又は身体に危害を及ぼすもの及びこれに準ずる心
身に有害な影響を及ぼす言動をいいます。）その他の児童に著しい心
理的外傷を与える言動を行うこと（心理的虐待）を、児童虐待と定め
ます（児童虐待2）。

　本件の状況からは、児童虐待のうち、身体的虐待（児童虐待2一）やネ
グレクト（児童虐待2三）が疑われます。

2　児童虐待にかかる通告

　児童虐待を受けたと思われる児童を発見した者は、速やかに、これ
を市町村、都道府県の設置する福祉事務所若しくは児童相談所又は児
童委員を介して市町村、都道府県の設置する福祉事務所若しくは児童
相談所に通告しなければならないとされます（児童虐待6①）。

　この通告は児童福祉法25条1項の規定による通告とみなして同法が
適用されるので（児童虐待6②）、市町村、都道府県の設置する福祉事務
所又は児童相談所は、通告を受けた場合において必要があると認める
ときは、速やかに、当該児童の状況の把握を行います（児福25の6）。

　市町村や都道府県の設置する福祉事務所は、児童福祉法27条の措置
を要すると認める者並びに医学的、心理学的、教育学的、社会学的及
び精神保健上の判定を要すると認める者は、これを児童相談所に送致

することなどの義務があります（児福25の7・25の8）。児童相談所長は、市町村や都道府県の設置する福祉事務所から送致を受けた児童や児童福祉法25条1項の規定により通告を受けた児童について、必要があると認めたときは、児童福祉法26条1項1号から8号までの措置をとることになります。

　ところで、この通告義務は、国民全員に課された義務です（児童虐待6①、児福25①）。また、刑法の秘密漏示罪の規定（刑134）その他の守秘義務に関する法律の規定は、この通告義務の遵守を妨げるものと解釈してはならないとされます（児童虐待6③）。

　この通告は匿名でもよいとされていますが、学校や保健所、医療機関などから児童相談所に通告する場合は、通告者を明らかにした上で一定の書式によって通告することが望ましいため、書式の整備も進んでいるようです。

　ちなみに、こども家庭庁の発表した資料によれば、令和4年度に、全国225か所の児童相談所が児童虐待相談として対応した件数は219,170件（速報値。以下令和4年度の数値はいずれも速報値です。）で、過去最多ということです。対応件数の主な増加要因は、心理的虐待に係る相談対応件数が令和3年度は124,724件であったのに対し、令和4年度は129,484件（＋4,760件）と増加したことと、警察等からの通告が令和3年度は103,104件であったのに対し、令和4年度は112,965件（＋9,861件）と増加したこと等によるものと分析されています。

3　誤通告について

　もっとも、通告後に児童虐待の事実はないことが明らかになることがあります。しかし、この場合に通告者が責任を問われることは、原則としてありません。

　そもそも、児童虐待の防止等に関する法律6条1項は、「児童虐待を受

けた」児童ではなく、「児童虐待を受けた<u>と思われる児童</u>」（下線部は筆者）を発見した者に通告義務を課しています。児童虐待を認めるに足りる十分な事実や証拠が必ずしもなかったとしても、通告者が主観的に児童虐待であると思えば、法律上通告義務が発生するとされます。そのため、児童虐待防止法6条1項の通告は、児童虐待を受けたと思われる児童を発見した場合に速やかに行われるべきものであるから、発見者が主観的に児童虐待であると認識したときは同法上の通告義務を負い、虐待の事実がないことを認識しながらあえて通告をした場合及びそれに準ずる場合を除き、通告をしたことについて法的責任を問われることはないというべきとされます（東京高判平25・9・26判時2204・19）。児童相談所の調査等に先立ち児童虐待の事実があったかどうかを厳密に判断することは不可能ですし、このように考えないと通報を促そうという法の趣旨を達成することはできないからです。

　　　　　　　　　　　　　　　　　　　　　　（古屋　丈順）

〔5〕　家庭ゴミの焼却、野焼きによる煙、悪臭の事案

　近隣住民に、週末になると庭で家庭ゴミを焼却している人がいます。焼却する際に黒い煙が噴出し、付近に煙とにおいが蔓延して困っています。また、その煙の中に有害物質が含まれているのではないかと心配です。

対応のポイント

・農業、林業又は漁業を営むためにやむを得ないものとして行われる廃棄物の焼却かどうかを確認する。
・たき火その他日常生活を営む上で通常行われる廃棄物の焼却の範囲かどうかを確認する。
・居住地に条例があるかどうか調査する。
・有害物質が含まれているかどうかを調査する。
・有害物質が含まれている可能性がある場合には、警察に相談して、捜査してもらう。

解　説

1　廃棄物処理法違反（野焼き）

　家庭や事業所から出た廃棄物（ゴミ）を、法に定められた基準を満たしていない焼却炉（地面、素掘りの穴、ドラム缶、ブロック囲いなど）で燃やすことを「野焼き」といいます。

　野焼きは、廃棄物の処理及び清掃に関する法律（以下「廃棄物処理法」といいます。）で一部の例外を除き禁止されています（廃棄物16の2）。

　その理由は、野焼きは、煙や悪臭などにより周辺の方々に迷惑をかける場合があるだけでなく、ダイオキシン類などの有害物質を発生させ、近隣住民の健康に悪影響を与えるおそれがあるからです。

　簡易な焼却炉や野外でのゴミ焼却は、完全燃焼が難しいことから、ダイオキシン類の発生を抑えることができません。

　そこで、野焼きを行った者には、5年以下の懲役又は1,000万円以下の罰金が科せられます（廃棄物25①十五）。

　詳細は、廃棄物処理法を受けて、同施行令や同施行規則が定められています。

2　例外的に認められる場合（廃棄物16の2）

(1)　例　外

　ただし、廃棄物処理法では、一般廃棄物処理基準、特別管理一般廃棄物処理基準、産業廃棄物処理基準又は特別管理産業廃棄物処理基準に従って行う廃棄物の焼却及び他の法令又はこれに基づく処分により行う廃棄物の焼却（廃棄物16の2一・二）のほか下記①〜⑤の場合、例外的に野焼きが認められています。

① 　国又は地方公共団体がその施設の管理を行うために必要な廃棄物の焼却の場合（廃棄物令14一）

　　例：河川敷の草焼き、道路側の草焼き、漂着物等の焼却（海岸管理者）など

② 　震災、風水害、火災、凍霜害その他の災害の予防、応急対策又は復旧のために必要な廃棄物の焼却の場合（廃棄物令14二）

　　例：災害時の応急対策、凍霜害防止のための稲わらの焼却など

③ 　風俗習慣上又は宗教上の行事を行うために必要な廃棄物の焼却の場合（廃棄物令14三）

　　例：どんと焼き等「しめ縄、門松等」を焚く行事、塔婆の供養焼却

　など
④　農業、林業又は漁業を営むためにやむを得ないものとして行われ
る廃棄物の焼却の場合（廃棄物令14四）

　例：焼き畑、病害虫防除のための焼却、畔の草及び下枝の焼却など
⑤　たき火その他日常生活を営む上で通常行われる廃棄物の焼却であ
って軽微なものの場合（廃棄物令14五）

　例：たき火、キャンプファイヤーなど

(2)　例外に該当したとしても

　このように例外として認められた行為でも、廃プラスチックや廃ビ
ニールなどの廃棄物の焼却は認められないと考えるべきでしょう。

　また、周辺住民にぜんそくなどの呼吸器系疾患の人がいる可能性が
あることを考えれば、生活環境上支障を与え、苦情等がある場合には
中止すべきでしょう。また、代替手段がある場合は、代替手段を優先
すべきと考えます。

　例外に該当する野焼きを行う場合であっても、行為場所を管轄する
消防署へ「火災とまぎらわしい煙又は火炎を発するおそれのある行為
の届出書」により届出をする必要があります。なお、消防署への届出
は、野焼きを許可するものではなく、火災防止のため状況を把握する
ことを目的とするものです。

3　条例違反行為

　各自治体は、地域の特性に配慮して自治体ごとに廃棄物・リサイク
ルに関する条例等を制定している場合があります。例えば、廃棄物の
処理及び清掃に関する条例、生活環境保全条例、ポイ捨て条例、たば
この吸い殻及び空き缶等の散乱の防止等に関する条例、廃棄物処理条
例施行規則などが考えられます。

したがって、廃棄物処理法に違反していなくても条例に違反する場合も想定されます。

4　対応方法

（1）　廃棄物処理法違反（刑事責任）について

近時は、警察も廃棄物処理法違反のような環境犯罪に対して、取締りを強化しています。廃棄物処理法違反行為が疑われる場合、まずは、最寄りの警察署や交番、又は警視庁総合相談センターに相談・通報するという対応もあります。担当は、警察の生活安全課や生活環境課です。

警察に相談に行く場合、行為者がいつ、どこで、どのように野焼きをしているのか、煙や粉塵が、どの程度発生しているのか、行為者が野焼きをする日時に傾向はあるのかを調査しておいて、警察に対して、具体的な情報の提供ができると理想的です。

（2）　自治体への相談について

野焼きによる被害を訴える先として、自治体の環境課も考えられます。廃棄物処理法では、市町村のゴミ収集に出した家庭ゴミは、ダイオキシン対策のなされた焼却施設で焼却処理することとされているからです。

（中村　英示）

〔6〕　隣家が建物屋上に部屋を増築しようとしている事案

　隣にある4階建てのビルの所有者が、屋上に新たな部屋を増築しようとしていることが分かりました。隣人との間では、従前、このビルを建てるときにも揉めたことがあります。その際は、最終的にはビルを建てることには異議はないが、迷惑料を支払ってもらうということで決着したと記憶しています。

　この地域にはせいぜい4階建ての建物くらいしかないので、5階建ての建物はおかしいと思います。増築を中止してもらうことはできないのでしょうか。

対応のポイント

- 問題となる建物のある土地に関する法令上の制限を確認する。
- もっとも、法令上の制限に違反しているから当然に建築工事の差止めや損害賠償を求めることができるとは限らない。
- 損害賠償や建築工事の差止めは、隣地等の日影等の損害が受忍限度を超える場合でないと、認められない。
- 当事者間で何らかの合意があったのであれば、その合意に基づく請求は可能である。

解　説

1　法令上の制限と差止め・損害賠償請求

（1）　所有権の限界と制約

自己所有土地をどのように利用するかということは、所有権は目的

物に対する全面的・排他的な支配権であることから、本来土地所有者の自由に委ねられる事項とも考えられます。

　しかし、建築物の敷地、構造、設備及び用途に関する最低の基準を定めて、国民の生命、健康及び財産の保護を図り、もって公共の福祉の増進に資する必要があることから、それらを目的として、建築基準法が制定されています。

　建築基準法には、全国どこでも適用される建築物の敷地、構造及び建築設備に関する規定と、都市計画区域及び準都市計画区域内における建築物の敷地、構造、建築設備及び用途について適用される規定などが定められています。また、建築基準法以外にも、法令上様々な制限が定められています。

　そこで、設例のような場合、まずは、問題となるビルの所在する土地に所在する建物について適用される法令上の制限を確認した上で、今回の増築が、当該建物に増築をする場合に適用される法令に違反する事情がないか、確認をしましょう。また、今回の増築が建築確認申請の必要なものであれば、隣人が建築確認を受けて確認済証を受領しているかどうかも問題となります。

（2）　建築基準関係規定違反の効果

　もっとも、建築基準関係規定に違反していたとしても、当然に当該建築について民事上の責任を負う、というわけではありません。

　判例は、建築基準関係規定に違反しているかどうかと不法行為が成立するかどうかは直接関連しないという立場に立ち、建物の建築が社会的妥当性を欠き、これによって生じた損害が、社会生活一般的に忍容するのを相当とする程度を超えたと認められるときは、当該建築は、社会観念上妥当な範囲を逸脱したものであり、違法性を帯び、不法行為に基づく損害賠償責任を生じさせるものであるという考え方を採用しています（最判昭47・6・27民集26・5・1067参照）。

　このように、人格権侵害を理由とする損害賠償請求や工事の差止め
と、建築基準法等の法令上の制限に違反しているかどうかは、必ずし
も相関関係にあるわけではないという点には気を付けておく必要があ
ります。

　もっとも、建築工事前であれば、建築基準関係規定に違反している
ことを根拠として工事の中止を求めて話合いをし、法令違反の増築を
止めるよう求めることは、比較的容易だと思われます。

　なお、建築基準法令の規定又はこの法律の規定に基づく許可に付し
た条件に違反した建築物については、当該建築物の除却等の措置をと
ることも予定されています (建基9)。しかし、実際に除却等の措置がと
られることは少ないようです。

2　合意違反を理由とする請求

　本件のように、以前の工事の際に何らかの合意をしていたとすると、
今回の増築がその合意に違反していることはあり得ます。そのため、
過去何か合意をしていたのであれば、まずはその合意の内容を再度確
認することが有益です。

　もっとも、合意の内容として、新たな増築を認めないなどの条項が
あれば、今回の増築はその合意に違反するという主張は成り立つでし
ょうが、単に建築を認めた上で迷惑料や解決金の名目で金銭を支払う、
などの内容の場合には、増築を認めないことまで合意をしていると解
釈するのは困難なようにも思われます。そうすると、このような合意
がない場合は、合意違反を理由として増築の差止めを求めることは困
難であると考えられます。

（古屋　丈順）

〔7〕　隣人の設置した防犯カメラを撤去してほしい事案

　隣人が私の家に向けて防犯カメラを設置しました。私生活を覗かれているようで、気味が悪いです。隣人に対し、このカメラを撤去するよう求めることはできますか。

対応のポイント

・防犯カメラの撤去が認められるかどうかは、撮影の場所、範囲、態様、目的や必要性のほか、撮影された画像の管理方法等諸般の事情を総合考慮し、被撮影者のプライバシー権をはじめとする人格的利益の侵害が社会生活上受忍限度を超えるものといえるかどうかを判断して決せられる傾向にある。

・相談を受けた場合は、問題となる防犯カメラによる撮影場所や撮影範囲、撮影態様を把握した上で、まずは話合いによる解決を探るために弁護士への依頼を勧めたり、調停による解決も検討すべきである。

解　　説

1　防犯カメラの設置

　近時、犯罪の予防等を目的として、個人でも防犯カメラを設置することが増えています。防犯カメラの設置自体は、防犯意識の高まり等の理由から、増えることはあっても減ることはないように思われます。

2　プライバシー権

　他方、判例上「人は、みだりに自己の容ぼう等を撮影されないということについて法律上保護されるべき人格的利益を有する」とされます（最判平17・11・10日民集59・9・2428）。

3　問題の所在と考え方

　防犯カメラが気味が悪いと感じた相談者は防犯カメラの撤去を求めたいと考えますが、上記「みだりに自己の容ぼう等を撮影されないということについて法律上保護されるべき人格的利益」も無制限ではなく、裁判例においては、「防犯カメラで、ある者の容ぼう等をその承諾なく撮影することが不法行為法上違法となるかどうかは、撮影の場所、範囲、態様、目的や必要性のほか、撮影された画像の管理方法等諸般の事情を総合考慮し、被撮影者のプライバシー権をはじめとする人格的利益の侵害が社会生活上受忍限度を超えるものといえるかどうかを判断して決すべきである」（東京地判令2・1・27（令元（レ）411））などとされることが通例です。

　そのため、防犯カメラの撤去が認められるかどうかは上記判断枠組みに照らして検討することになります。

　その結果、撮影対象に私道部分や撤去を求める者の自宅出入口付近を含む屋外設置のカメラについて、防犯目的も認めつつ、撤去を求める者のプライバシーを違法に侵害するとして、その撤去等が認められた事例（東京地判平27・11・5判タ1425・318）もあります。逆に、撤去が求められている防犯カメラは、その撤去を求める者の容ぼう等を日常的に撮影することが可能なものであるけれども、一般的な防犯目的に加え、撤去を求める者による迷惑行為等を防止する目的で設置されたのであって、その設置には一定の必要性が認められる上、このカメラの撮影範囲である通路は屋外であって全くの私的空間ではないこと、こ

のカメラによる撤去を求める者の撮影が約3か月間にとどまること等にも鑑みれば、このカメラの撮影により撤去を求める者のプライバシー権侵害があったことは否定できないものの、その程度は、このカメラ設置の動機を与えた撤去を求める者において社会通念上受忍限度を超えるものとまではいえないなどとして、撤去を認めなかった事例（東京地判令2・1・27（令元(レ)411)）もあります。

4　具体的な対応方法

　相談に対しては、まずは、防犯カメラの設置場所や、そこから推測される撮影場所、撮影範囲、撮影態様を把握し、過去の裁判例に照らし、法的に撤去を求めることができそうかということを考えることになります。

　もっとも、このような各種事情を総合考慮して判断される問題については、裁判所が具体的な判断をするまでに時間もかかりがちですし、裁判所の判断を予測するのも難しいことがあります。そう考えると、弁護士に依頼するなどした上で、まずは撤去を求め交渉をしたり、交渉がうまくいかないとしても、調停手続を利用して第三者を交えた話合いをするなどの方法で、話合いによる解決を探る方法も十分考えられます。

（古屋　丈順）

〔8〕　被害妄想と思われる苦情が寄せられた事案

　ある市民の方から、「近所の人たちが常に私を監視している」
「外出すると必ず後ろに人の気配がし、尾行されている」「隣の
家で飼われている猫にもカメラが付いていて私を撮影している」
「隣の家の人に監視や尾行をやめろと言ったがそんなことはし
ていないと言うばかりで一向に認めようとしない」「監視や尾行
をやめさせるにはどうすればよいか」と相談されました。どうす
ればよいでしょうか。

対応のポイント

・荒唐無稽と思われる話でも、まずはしっかり聞く。
・必要に応じて調査する。
・本人の了承を得た上で、相手方側に事実確認を行う。
・調査した結果、相談者が主張する事実が確認できなかった
　場合には、調査したが確認できなかったことを慎重に伝え
　た上で、客観的な証拠の提出を促す。
・必要に応じて福祉課（障害福祉課）等を勧め、適宜支援等
　を行うようにする。

解　説

1　まずは「聞く」こと

　この市民の方から相談を受けた際、おそらく眉唾物で荒唐無稽な話
だと感じられたかと思います。

　ですが、市民から相談を受けたときは、内容や挙動等で荒唐無稽な

話だと思っても、思い込みは排除し、まずはしっかり「聞く」ことが重要です。どんなに荒唐無稽と思われる話でも真実であることはあり得ますので、思い込みは排除するようにしましょう。

　また、まずはしっかり「聞く」姿勢を見せることで、相談者の満足度が上がり、その後納得したり、諦めたりする可能性が高まりますので（必ずそうなるといえないのが辛いところですが）、その観点からもしっかりと「聞く」姿勢を見せるべきです。

　そのため、相談を聞いていておかしいなと思うことがあっても、とりあえずその場ではあまり指摘せず、まずはしっかりと「聞く」べきです。

　なお、本件は市民相談ですが、クレーム対応の流れ（〔48〕）も参考になりますので、ご参照ください。

2　次に「調べる」

　市民の方から相談内容をしっかり聞き取りしたら、次に必要に応じて調査することになります。

　本件の場合、相談者ご本人の了承を得た上で、尾行や監視をしていると主張されている隣人の方（やその他の近所の方）と接触し、事実確認をすることが考えられます。その際、事情聴取をするのはもちろんのこと、「カメラが付いている」と主張されている隣家の猫にカメラが付いているのかも確認し、撮影等しておきたいところです。

　そして、この調査の時点でも思い込みは排除し、客観的・中立的に調査しなければなりません。

3　主張する事実が確認できなかった場合

　客観的・中立的な調査をしても、相談者が主張する事実が確認できなかったときは、その旨慎重に伝えることになります。

　この点、クレーム対応の流れ（〔48〕参照）からすれば①聞く⇒②調べる⇒③判定する⇒④伝えるの段階となりますが、本件の市民の方は少なくとも現段階ではこちらにクレームをつけているのではなく、（相談者の主観では）本当に困って相談をしてきているのだと思われます。

　そのため、クレーム対応の流れであれば、その後⑤繰り返す⇒⑥排除するという対応をとることになりますが、本件では、相談者が納得しないときは、繰り返すというよりは、まずは客観的な証拠の提出を促し、客観的な証拠がないと（対応したくても）対応できない旨伝えるのがよいように思われます。

　なお、それでも納得せず悪質クレーマー化してしまった場合には、残念ですが、⑤繰り返す⇒⑥排除するという流れで対応せざるを得ないと考えます。

4　福祉課による支援等

　一連のやり取りや調査の結果、相談者が精神疾患や精神障害等を抱えていることがうかがわれるときは、福祉課（障害福祉課）等で対応できるようにすべく、相談者に対し、福祉課等に相談してみることを勧めるのがよいように思われます。

　もちろん、慎重に進めるべきです。例えば、「こちらでは対応できないのですが、福祉課であればもしかすると対応できるかもしれない」などと言って担当部署を変えるような形にすると、トラブルが生じにくいかもしれません。

　そして、このような対応をとる際には、事前に福祉課等と相談し、連携しておくべきです。

　勧めに応じて相談者の方が福祉課等を訪れた場合には、福祉課等が適宜必要な支援等を行うことになります。

ワンポイントアドバイス

　経験上、本件のような荒唐無稽な話をされる方に限らないことですが、しっかりと話を「聞く」姿勢を見せると、相談者の満足度が高まるようです。

　反対に、いくら客観的に適切な助言や回答をしたとしても、十分に話を「聞く」姿勢を見せていないと、相談者は不満を持つようです。

　そのため、本件のような荒唐無稽な話をされる方に限らず、市民から相談を受けた際は、まずはしっかりと話を「聞く」姿勢を見せることを心がけるとよいかと思います。

（木村　裕史）

〔9〕　隣家の浴室が丸見えの事案

　最近お隣が新築の家を建てて引っ越してきたのですが、浴室の窓が私の家のリビングの窓から見える位置にあり、またその窓を開けて入浴されているので、こちらから入浴姿が丸見えになってしまっています。こちらがまるで覗いていると誤解されても嫌ですし、何とかしたいのですが、どうすればよいでしょうか。

対応のポイント

・隣家の住人が気付いていないかもしれないため、まずは隣家に気付いてもらうようにする。
・それでも改善されない場合には、手紙等で「お願い」をしてみるのがよい。
・「お願い」をしても改善されないような場合には、警察・自治体・弁護士等に相談するのがよいかと思われる。
・それでも改善されない場合には、民事上の法的手続として、目隠し設置請求や損害賠償請求等の訴訟や民事調停が考えられる。

解　説

1　近隣問題（ご近所トラブル）について

　本件は、隣家の浴室が丸見えで困っているということで、近隣問題（いわゆる「ご近所トラブル」）といえます。

　近隣問題は、自宅住居という日常生活を送る場所でのトラブルですので、日常生活そのものに影響を与え、多大なストレスを抱えること

になります。また、なかなか簡単に引っ越すということもできないため（持ち家の場合は特に）、トラブルの相手方から逃げることも難しいという厄介な特徴があります。

2　自宅を覗かれた場合

　近隣トラブルで少なくないものの一つに、隣家から家の中を覗かれる（覗かれているような気がする）というものがあります。このような場合、状況にもよりますが、例えば隣家から浴室内を覗かれたのだとすると、刑事上は軽犯罪法1条23号（窃視の罪）違反となったり、民事上は慰謝料請求権が発生したりすることになります。

　これに対し、本件では反対に、隣家の浴室が丸見えで困っているということです。このような場合はどのように対応すべきでしょうか。

3　法的責任の有無について

　対応方法を検討する前提として、浴室が丸見えになっているという点について、隣家の住人は何か法的な責任を負うことになるのでしょうか。

（1）　刑事上の責任

ア　公然わいせつ罪（刑174）

　まず、刑事上の責任についてですが、考えられるのは公然わいせつ罪（刑174）に該当するか否かということになります。刑法174条は、「公然とわいせつな行為をした者」について、6か月以下の懲役若しくは30万円以下の罰金等に処すると規定しています。

　結論としては、隣家の住人が、こちらの自宅以外の公道等からも見える状況で、例えば性器を露出させているのであれば、公然わいせつ罪に該当し得ます。しかし、性器まで視認できるような浴室の窓は考えにくく、なかなかそのような状況はないように思われます。

　　イ　身体露出の罪（軽犯罪1二十）

　次に、身体露出の罪（軽犯罪1二十）の成立が考えられます。

　同条項は、「公衆の目に触れるような場所で公衆にけん悪の情を催させるような仕方でしり、ももその他身体の一部をみだりに露出した者」について、拘留又は科料に処すると規定しています。

　結論としては、隣家の住人が、こちらの自宅以外の公道等からも見える状況で、例えば乳首等を露出させているのであれば、身体露出の罪（軽犯罪1二十）に該当し得ます。

　もっとも、軽犯罪法違反は「拘留又は科料」という軽微な刑罰しか科されないものであり、なかなか警察に立件してもらうのは難しいかもしれません。

（2）　民事上の責任

　次に、民事上の責任はどうでしょうか。

　　ア　「浴室内を見せないようにする義務」

　まず考えられるのは、「浴室内を見せないようにする義務」があるのではないかということかもしれません。

　しかし、結論としては、このような法的義務は残念ながら認められないように思われます。

　本件のような場合、おそらく最も希望されるのは、隣家の浴室内が見えなくなるように、隣家の住人に対処させることかと思います。考えられる法的構成としては、こちらの人格権（憲13参照）に基づき、隣家の住人が浴室の窓を開けることの差止め（禁止）を求めるというものが考えられます。しかし、隣家の住人も同じ私人であり、当然ながらこちらと同様に人権があり、原則として行動の自由が認められますので、裁判所から隣家の住人に対し浴室の窓を開けることを禁止する仮処分命令や判決を下してもらうのは極めてハードルが高いと思われます。

　これに対し、浴室の窓を開けることの差止めまでいかなくとも、浴室が丸見えになっていることによって損害を負ったということを主張して、不法行為（民709）として損害賠償請求をすることは、差止めよりはまだ認められる可能性があると考えます。もっとも、仮に不法行為の成立が認められたとしても、その損害額（慰謝料額）は極めて低額になると思われます。

　　イ　目隠しの設置

　次に考えられるのは、民法235条1項に基づき目隠しを設置する義務があるのではないかということです。

　同条項は、「境界線から1メートル未満の距離において他人の宅地を見通すことのできる窓又は縁側（ベランダを含む。次項において同じ。）を設ける者は、目隠しを付けなければならない」と規定しています。

　この規定は、本来、「境界線から1メートル未満の距離において他人の宅地を見通すことのできる窓・・・を設ける者」が「他人の宅地」を見通すことによる弊害を除去ないし予防するための規定であり、本件とは逆といえますが、この規定の要件を満たしているのであれば、目隠しを設置する義務が生じることになります。

　そのため、本件の浴室の窓が「境界線から1メートル未満の距離」に設置されており、民法235条1項の「目隠し」が付いていると評価できないものであるならば、本条項に基づき目隠しの設置を求めることが考えられます。

4　具体的な対応方法について

　以上が法的責任の有無及びその内容になりますが、具体的にはどのように進めていくのがよいでしょうか。

　(1)　隣家の住人に気付かせる

　もしかすると、隣家の住人は、浴室内が丸見えであることに気付い

ていないかもしれません。そして、隣家の住人に対し「浴室内が丸見えだから見えないようにしてほしい」と面と向かって言うことはなかなか勇気がいることだと思いますし、隣家の住人も、悪気がないのであれば、そのように言われることは気まずさや恥ずかしさ等を感じると思います。

　そのため、まずは隣家の住人に気付いてもらうようにすべきかと思います。

　具体的には、例えば、隣家の住人が入浴しているときに、あえて短時間大きな音を立てたり、目立つ光を当てたりすることが考えられるかと思います。

　なお、その際、覗いているなどと誤解されないようにすべきですので、顔は向けないようにすべきと思います。

　(2)　手紙等で「お願い」する

　次に、隣家の住人に気付いてもらうような行動をとったにもかかわらず改善されない場合には、直接言うことになると思います。

　もっとも、顔と顔を合わせてそのような話をすることは、やはりハードルが高く、また気まずさも感じやすいと思います。

　そのため、まずは隣家の郵便受けに手紙を投函するなどして伝えるのがよいように思います。

　なお、手紙の内容や文体は、もし隣家の住人に対して怒り等を感じていたとしても、努めて低姿勢に、丁寧に、やんわりと「浴室内が見えてしまうことがあるため、よろしければ見えないようにご対応いただけましたら幸いです」などと記載するのがよいように思います。

　そして、手紙を郵便受けに投函する前に、手元に記録を残しておくため、コピーや写真をとっておくべきです。可能であれば、投函しているところを写真で撮影しておくと、投函した記録も残るのでよいと思います。

(3)　警察や弁護士等への相談

以上のような「お願い」をしても、隣家の住人が対応しないときには、警察や弁護士等に相談することが考えられます。

前述したように、なかなか犯罪が成立するとまではいかないかもしれませんので、警察にすぐに立件までしてもらえないかと思いますが、現地を確認してくれたり、隣家の住人に話を聞いてくれたりするかもしれません。

また、弁護士に相談し、依頼することで、弁護士が代理人となり隣家の住人と交渉をしてもらうことになります。近隣問題ですので、あまり早い段階から弁護士が介入することは避けた方がよいように思いますが、直接「お願い」をしても対応しないのであれば、隣家であっても弁護士を立ててよいと思います。

(4)　法的手続

以上のような相談や依頼等をしても解決しないのであれば、法的手続を執ることを検討することになります。

前述したように、刑事上も民事上もなかなかハードルは高いのですが、例えば裁判所に「民事調停」を申し立てて、裁判所を介した話合いを行ったり、民事訴訟を提起して、訴訟手続において話合いを行ったりすることで解決することもありますので、検討してみてはいかがでしょうか。

（木村　裕史）

第 2 章

道路に関する事案

42

〔10〕　悪質客引き・スカウトの事案

　自宅から駅に向かう途中に繁華街を通るのですが、最近通るたびにキャバクラやガールズバーのキャッチから何度も声をかけられ、中にはいつまでも付いて来る輩もいます。警察や市役所の方で取り締まってもらえませんか。

　対応のポイント

・風営法や都道府県迷惑防止条例違反がある場合には警察による取締りが有効である。
・風営法や迷惑防止条例で規制できない場合でも、客引き防止条例による規制を行っている自治体も少なくない。
・警察や自治体職員による取締りだけでなく、商店街関係者や地域住民も交えて地域全体で客引きを許さないという姿勢を示すのが大切である。

解　説

1　風営法による規制

　風俗営業等の規制及び業務の適正化等に関する法律（以下「風営法」といいます。）上「客引き」とは相手方を特定して営業所の客となるように勧誘することをいいます（「風俗営業等の規制及び業務の適正化等に関する法律等の解釈運用基準について」（令4・4・1警察庁丙保発13、丙人少発6）第17・9(1)、横浜地小田原支判平23・3・10（平22(わ)164））。そして、風営法22条1項において、風俗営業を営む者が客引き行為を行うことや客引きをするために道路その他公共の場所で人の身辺に立ちふさがり又はつ

きまとうことを禁止しています（風営22①一・二）。違反した場合には、6か月以下の懲役若しくは100万円以下の罰金又はその併科とされています（風営52①）。

　キャバクラについては風営法2条1号により「風俗営業者」に当たりますが、いわゆるガールズバーは深夜営業の届出をした上で「酒類提供飲食店営業」（風営2⑬四かっこ書）として営業している店舗が多いため、風営法22条1項1号や2号による規制には含まれないことが多いです。

　もっとも、風営法22条1項にいう「風俗営業を営む者」には無許可の者を含みますので、ガールズバーとして届け出ていながら、接待を伴う営業をしているなど実質的には風俗営業を行っている店の場合には、その客引き行為も違反となります。

　風営法違反が認められる場合には刑事事件として警察による取締りが有効です。

2　迷惑防止条例による規制

　規制の対象となる行為や業態、罰則の内容は各都道府県で異なりますが、不当な客引き行為等は迷惑防止条例により規制されています。例えば東京都であれば、公衆に著しく迷惑をかける暴力的不良行為等の防止に関する条例7条1項3号においてキャバクラの客引きは禁止されていますし、ガールズバーや居酒屋についても、わいせつな方法による客引き（同条例7①一）や人の身体又は衣服をとらえ、所持品を取り上げ、進路に立ちふさがり、身辺につきまとう等執ように客引きをすること（同条例7①四）は禁止されており、違反した場合には客引き本人は50万円以下の罰金若しくは拘留若しくは科料が科せられ（同条例8④五）、使用者には100万円以下の罰金が科せられます（同条例8③一）。さらに、常習の場合には、客引き本人に6か月以下の懲役又は50万円以下

の罰金が科せられ（同条例8⑩）、使用者には6か月以下の懲役又は100万円以下の罰金（同条例8⑨）が科せられます。

　同条例7条1項4号に関し、同号にいう「執ように客引きをすること」に該当するか否かの判断については、直接客引きの対象となった者の意思に反するか否かは影響しないとして、声を掛けられた者が明確に拒絶の意思を表示しなかったが約21メートルにわたって客引きを継続したガールズバーの客引きについて、迷惑防止条例違反を認めた裁判例があります（東京高判令2・3・24高検速報3736）。

　迷惑防止条例違反の事実が認められる場合も、刑事事件として警察による取締りが有効です。

3　各自治体の客引き防止条例による規制

　風営法及び迷惑防止条例による客引きの規制は、対象となる業種や客引き態様が限られていることから、各自治体において、地域の実情に合わせて独自の客引き防止条例を制定しているところも多いです。もしまだ客引き行為を防止する条例がない場合には、条例の制定を検討してみましょう。

　例えば、東洋一の歓楽街といわれている歌舞伎町を有する東京都新宿区では、キャバクラやホストクラブ、ファッションヘルス等への客引き行為に加えて、居酒屋やカラオケ店の客引き行為や客待ちのほか、キャバクラ・ファッションヘルスでの勤務やアダルトビデオへの出演等についての路上スカウト行為も禁止しています。直近でも、令和4年6月から東京都北区で客引き防止条例が、令和4年7月1日から東京都足立区で客引き防止条例が施行されるなど、盛り場を有する自治体において客引き防止条例を制定・施行する例が増えています。

　条例の執行に当たっては、自治体職員による見回りに加えて民間警備会社への委託を行い、繁華街のパトロールを定期的に行っている自治体も数多くあります。

4 商店街関係者や地域住民も交えた対策を

　警察や自治体による取締りだけでなく、近隣住民や商店街関係者も一緒になって警察や自治体の巡回活動に参加したり、客引きに対して冷ややかな目を向けたり、客引きについて行こうとする人に注意の声を掛けたりすることで、街全体で客引きを許さないという雰囲気を作ることが大事です。

　特に客引きによるぼったくり被害が出ている盛り場では、弁護士と自治体・警察・地元商店街関係者が連携して巡回活動を行うなどしてぼったくり対策を行ったり、自治体が委託した警備会社の職員が盛り場の要所で目を光らせたりすることで、客引きをしづらくする効果を上げているところもあります。

ワンポイントアドバイス

　問題の客引き行為が刑事事件として立件できる場合には警察に積極的な取締りをしてもらうのが効果的です。刑事事件とまでいえない場合には、自治体による条例での規制が考えられますが、単に条例を作るだけでなく、近隣住民や商店街関係者も交えて巡回活動を行うなど、街として客引きを許さない姿勢を示すことが重要です。

（荻野　友輔）

〔11〕　遊歩道における自転車等の走行に関する事案

　私の街では、駅に向かう途中に大きな遊歩道があるのですが、駅までの通り道として便利だからか自転車に乗ったまま通行していく人が多くて危ないと思っています。また、最近は電動キックボードに乗って通っていく人の姿も見かけます。遊歩道は自転車などに乗ったまま通ってよいのでしょうか。

対応のポイント

・遊歩道が歩行者専用となっているような場合、自転車や電動キックボードに乗ったまま通行すると道路交通法違反に問われる可能性がある。
・対策としては、まずは走行したまま通行する場合の危険性やマナー向上のための声掛けやアナウンス、啓蒙のための看板設置などが考えられる。
・悪質な自転車利用者が多い場合には、警察と連携して指導や警告、取締りをしてもらうことも考えられる。

解　説

1　多様化する移動手段

　コロナ禍の影響により、公共交通機関の利用を避ける人が増えたためか、近年は自転車の利用者が増加しています。また、普通自転車以外でも、電動式のモーターにより走行する電動キックボードや、オートバイとしての機能と自転車の機能の両方を持つペダル付きの原動機付自転車（モペッド）などが普及し、路上を走っている姿を見かける

ことが多くなりました。移動手段が多様化するに伴い、歩行者や他の車両との事故やトラブルが近年多く発生するようになりました。

2　各移動手段に関する規制

(1)　自転車

自転車は道路交通法で軽車両に分類され（道交2①十一イ）、「車両」（道交2①八）に当たりますので、遊歩道に都道府県公安委員会による車両進入禁止や歩行者用道路（歩行者専用）である旨の標識が設置されている場合、自転車は通行できません（道交8①）。

もっとも、道路標識により、自転車歩行者専用道路である旨の表記がある場合や、歩行者専用の標識があっても「自転車を除く」の補助標識がある場合、「普通自転車歩道通行可」との標識がある場合には自転車であっても通行可能です。また、自転車を降りて押して通行する場合には、道路交通法2条3項2号により歩行者として扱われます。

なお、自転車歩行者専用道路とは異なり、歩行者専用とされる場合に補助標識で自転車の通行が可能とされる場合には、自転車の利用者は走行時に特に歩行者に注意して徐行しなければならない義務が課されています（道交9）。

(2)　ペダル付きの原動機付自転車（モペッド）

ペダル付きの原動機付自転車（モペッド）とは、自転車のペダルが付いた原動機付自転車であり、自転車として乗ることも、原動機付自転車として乗ることも可能というものです。動力源には、ガソリンを使うタイプと電気モーターを使うタイプがあります。

電気モーターを使うタイプの場合、いわゆる電動アシスト付き自転車に近くなりますが、電動アシスト付き自転車の場合はあくまで運転者がペダルを漕ぐのをアシストするだけなのに対し、ペダル付きの原動機付自転車の場合は、運転者がペダルを漕がなくても自動で走行で

きるという違いがあります。そのため、ペダル付きの原動機付自転車
は、道路交通法上、原動機付自転車として取り扱われ（平17・3・24警察
庁丁交企発94等）、運転するには原動機付自転車を運転可能な運転免許
が必要となります。

　また、ペダル付きの原動機付自転車は原動機付自転車に区分されま
すので、自転車として人力で利用する場合であっても、原則として、
歩道や歩行者専用である道路はもちろんのこと、自転車は通行可能と
される道路についても通行できません（「車両区分を変化させること
ができるモビリティ」を備えた車両を人力モードとして利用する場合
には自転車としての取扱いになります（令3・6・28警察庁丁交発270・警察
庁丁交指発60）。）。

（3）　電動キックボード

　キックボードに電動式モーターとバッテリーを搭載した電動キック
ボードは、道路交通法上の「車両」に該当し、原則として、電動式モ
ーターの出力に応じ、道路交通法上の原動機付自転車又は普通自動二
輪車などの車両区分に分類されます。したがって、歩道や歩行者専用
である道路はもちろんのこと、規制上自転車が通行できるとされる場
合であっても、電動キックボードは原則として通行できませんし、運
転するためには対応する運転免許が必要となります。もっとも、令和
4年4月の道路交通法改正により「特定小型原動機付自転車」という区
分が新設され、令和5年7月1日以降は、一定の条件を満たした電動キッ
クボードは運転免許が不要（ただし、16歳未満の運転は禁止されま
す。）、ヘルメットの着用も努力義務となりました。また、「特定小型原
動機付自転車」の中でも最高速度が時速6キロ以下に制限されている
等の条件を満たしたものについては、「特例特定小型原動機付自転車」
として、例外的に自転車通行可の歩道の通行が可能となります（警視庁
ホームページ「電動キックボード等の交通事故防止関連」）。

(4)　違反した場合の刑罰

　自転車、ペダル付きの原動機付自転車、電動キックボードいずれについても、通行禁止義務に違反した場合、5万円以下の罰金又は3か月以下の懲役に問われる可能性があります（道交119①二・8①）。

　また、歩行者用道路を自転車が通過できる場合でも、徐行義務に違反した場合、同じく5万円以下の罰金又は3か月以下の懲役に問われる可能性があります（道交119①二・9①）。

　いずれの違反についても、過失による違反には10万円以下の罰金に処する旨が規定（道交119③）されていますので、規制を知らなかったとの弁解は通じません。

3　まずは地域住民や役所関係者で呼び掛けや啓発活動を

　自転車等の走行に関する規制については上記2で述べたとおりですが、実際には、規制自体を知らないで走行してしまっている人や、他の人が通っているからと真似をして走っている人も少なくないと思われます。特に、ペダル付きの原動機付自転車、電動キックボードといった新しい移動手段については、販売側が規制についての十分な説明もせずに販売してしまっている例もあります。

　そこで、まずは地域住民や役所関係者で協力して、自転車等に乗ったまま遊歩道を走行している人に降りて通ってもらうよう声掛けを行ったり、乗ったままでの通行が法律違反であることを呼び掛ける看板の設置やアナウンスを流したりすることで、広くルールを周知していくことが考えられます。

　また、自転車と歩行者との交通事故に関する裁判として、加害者側に1億円近い金額の賠償を命じる判決が出された例（当時11歳の少年が自転車事故を起こして当時62歳の女性が意識不明となった事案において、少年の保護者に対して合計9,520万円の賠償を命じたもの（神戸

地判平25・7・4判時2197・84））もありますので、単に禁止されている旨だけでなく、ルールを破ることでどのようなリスクがあるかを具体的に呼び掛けることが効果的と考えられます。

　併せて、地元の小中学校や各家庭で、交通ルールを教える機会を設けることも重要です。安全かつ快適な街づくりは、住民と行政との連携があって成り立つものだからです。

4　悪質なケースが相次ぐ場合には警察との連携も視野に

　残念ながら中には、ルールを分かりながらも違反している人や、何度注意されても改めようとしない人もいます。そのような悪質なケースが相次ぐ場合には、警察と連携し、取締りをしてもらうことも視野に入れる必要があります。

　警察による取締りがなされた場合、ペダル付きの原動機付自転車や電動キックボード（特定小型原動機付自転車及び特例特定小型原動機付自転車を除きます。）については、運転に免許証が必要ですので、通行禁止違反として取り締まられた場合には、反則金を納める必要があるほか、運転免許証の減点措置も採られることになります。

　他方で自転車については、反則金の制度がありません。そのため、これまで自転車の交通違反については警察官による口頭での指導や警告に留まることが多かったのですが、令和4年10月31日以降、都内では警視庁が自転車の交通違反に対する取締りを強化して赤切符（罰金）が科された旨の報道がなされるなどしており、今後も自転車等に対する取締りが厳格になされる可能性があります。

　また、平成27年6月より、15類型の違反行為（危険行為）を3年以内に2回以上行った者に対し、講習の受講を命ずる自転車運転者講習制度が開始しています。危険行為とされている15類型には、今回のご相談に関する通行禁止違反や歩道通行時の徐行義務違反も含まれます。

ワンポイントアドバイス

　技術発達により今後もこれまでにはない新しい移動手段が出てくる可能性も十分ありますし、道路交通法などは順次改正されますので、知らないでルール違反をしてしまう可能性やルールに関する認識の違いでトラブルが生じることを避けるためにも、法改正の動向について気を付けましょう。

（荻野　友輔）

〔12〕　歩きタバコの事案

　市民の方から路上で歩きタバコやタバコのポイ捨てをする人が多くて困るという声が上がってきています。うちの市ではこれまで特に対策はしていませんでしたが、どうすればよいでしょうか。

┌─ 対応のポイント ─┐

・路上喫煙の禁止、監視員による指導や路上喫煙禁止地区内での過料徴収などを規定した路上喫煙防止に関する条例を制定することが考えられる。
・路上喫煙を禁止する条例を制定するにとどまらず、実際に監視員によるパトロールの実施や指導、過料徴収を行い、制定した条例に実効性を持たせる。

解　　説

1　高まる喫煙規制

　2020年に改正健康増進法が全面施行されたことにより、官公庁をはじめ多くの場所で屋内の完全禁煙化が図られ、屋外喫煙場所も撤去・縮小化されました。そのような社会情勢の下、喫煙者が喫煙できる場所が非常に限られるようになったからか、移動中の歩きタバコや、人の目につきにくい裏路地等で路上タバコをする人がいます。

　しかし、屋外であっても、風向きなどによっては後方を歩く人や周囲の人に対して副流煙が及びますし、歩きタバコの際にタバコを持った手を下ろしていると、すれ違う人に火元が当たって火傷や衣服の破

損を引き起こすおそれもあり、大変危険な行為です。

2　路上喫煙の規制

　平成14年に東京都千代田区が初めて「安全で快適な千代田区の生活環境の整備に関する条例」（以下「千代田区条例」といいます。）として罰則を伴う路上喫煙等を禁止する条例を制定して以降、全国の様々な自治体で路上喫煙等を禁止する罰則付き条例が制定・施行されるようになりました。

　条例の一例として紹介しますと、千代田区条例では、区長が路上喫煙地区として指定した地区内の道路上及び区長が特に必要があると認める公共の場所での喫煙行為並びに吸殻を捨てる行為を禁止しており（同条例21③）、規定上は違反者を2万円以下の過料に処するとしていますが（同条例24①二）、実際には路上喫煙の過料額は当面2,000円とされています（千代田区ホームページ参照）。

　また、千代田区では、過料の徴収として、職員証を携帯している区の職員が違反者に告知した上で、納付書を使った後日納付又は直接その場で支払う形で徴収しており、千代田区が公表しているデータによれば、令和3年度の過料処分件数は2,730件（令和4年3月31日時点）となっています（千代田区ホームページ「路上喫煙過料処分件数表」）。

　過料徴収による制裁については、実際の徴収手続の難しさや人件費の問題など難しい課題もありますが、千代田区による積極的な過料徴収は、条例に実効性を持たせるための方策の一つとして参考になります。

3　啓発指導や地域との連携も有効

　条例による規制は有効な手段の一つですが、行政による取締りだけに頼らず、歩きタバコやタバコのポイ捨てを許さない健全かつ清潔な

街づくりを目指して地域住民等と連携することも重要です。例えば、商店街関係者や町内会関係者が自治体関係者や警察関係者と一緒に定期巡回を行うなど、街全体として違反を許さないという姿勢を示すことが効果的です。先に紹介した千代田区では、警察などの関係行政機関のほか、町会や商店会、地元企業や大学などの教育機関、学校PTAなどに所属する様々な人々が集まり、地域の環境美化・浄化を推進する団体を複数立ち上げ、地区協定を策定したり合同パトロールを実施したりしています。

4　刑事責任

持ち歩きタバコをしてすれ違った他人を火傷させたような場合、過失傷害罪（刑209）として30万円以下の罰金又は科料に処せられる可能性がありますし、人が密集した場所での歩きタバコなど不注意の程度が大きいような場合には重過失傷害罪（刑211後段）として5年以下の懲役若しくは禁固又は100万円以下の罰金に問われる可能性があります。

5　民事責任

他人をけがさせるまでは至らなくとも、服が焼け焦げたり穴が開いたりしたような場合には、民事上の不法行為として損害を賠償する責任が生じるおそれがあります。特にタバコの火が幼い子供の顔に当たって火傷の跡が残ってしまったり失明してしまったような場合、民事上の賠償責任金額は小さくないものになります。このような歩きタバコについての危険性やリスクを看板やステッカー、商店街の放送などで周知し、注意を呼び掛けることも有効な方法の一つです。

ワンポイントアドバイス

> 歩きタバコやタバコのポイ捨ての禁止は、街の浄化・美化の一環ですので、街の美化を規定する条例の中の一つの禁止行為として規定することや、他の行為と合わせて条例で規制することも考えられます(例えば、品川区や新宿区の条例では、同じ条例の中で、路上喫煙に加えて空き缶等の投棄も規制しています。)。その場合、自治体の職員や自治体が委託した監視員が巡回する際にも様々な違反行為に対する注意や指導を行うことができ、地域環境の向上が一層望めることになります。

(荻野　友輔)

〔13〕 キッチンカーで道路が塞がれている事案

　家の前の道路にほぼ毎日キッチンカーが止まっているのですが、片側一車線の道路の片方を完全に塞いでいるので通行の邪魔になっています。どうすればよいでしょうか。

対応のポイント

・道路上でのキッチンカーの営業には道路使用許可（道交77①三）が必要となる可能性がある。
・ご相談のケースでは、道路交通法違反に加えて刑法の往来妨害罪が成立する可能性もある。
・警察機関へ連絡した上で、警察官から移動を指示したり注意したりする対応が考えられる。
・違反者の行為であっても、写真や動画をSNSに投稿する行為は相談者が加害者になり得るのでやめる。

解　説

1　道路交通法との関係

　道路交通法77条1項は、一定の者は当該場所を管轄する警察署長の許可を受けなければならないと定めており、そのうちの一つとして「場所を移動しないで、道路に露店、屋台店その他これらに類する店を出そうとする者」（道交77①三）が挙げられています。「場所を移動しないで」とされていますので、リヤカー販売等の行商の場合には許可は不要となります（道路使用許可の要否の問題とは別に、駐停車禁止の標識がある道路の場合には、駐停車違反として取り締まられる可能性は

あります。)。食品の車両販売であっても、例えば焼き芋販売車等のように同じ場所にとどまらずに移動しながら販売するものについてはリヤカー販売と同様に上記3号に当たらない可能性もありますが、一般的なキッチンカー販売では一箇所にとどまって販売・集客することが多いと思われますので、その場合には道路使用許可が必要となります。

　ご相談でも一車線を塞いで営業しているとのことですので、「場所を移動しないで」とはいえず道路使用許可が必要と思われます。しかし、そのような場所での営業が許可されることは通常考えづらいですので、無許可である可能性が高いと思われます。

　道路使用許可が必要な場合に許可を取得していなかった場合、道路交通法119条2項7号により、3か月以下の懲役又は5万円以下の罰金に処せられる可能性があります。

　なお、今回のご相談では公道での営業ということですが、道路交通法2条1項1号にいう「道路」は一般交通の用に供する場所であれば公道・私道を問わない点は注意を要します。

2　往来妨害罪の罪に問われる可能性

　可能性として決して高いわけではありませんが、現場の状況次第では、陸路を閉塞して往来の妨害を生じさせたとして往来妨害罪（刑124前段）に問われる可能性も否定できません。

　この点に関し、最高裁昭和59年4月12日判決（刑集38・6・2107）は、設けられた障害物が通路を部分的に遮断するにすぎない場合であっても、当該通路の効用を阻害して往来の危険を生じさせるものであるときは、陸路を閉塞したことに当たるとしています。

　本件でも、片側一車線を塞いで営業しているとのことですので、何らかの事情によりもう一車線も塞がってしまった場合はもちろんのこと、残された一車線が通行可能であっても、残った幅員が十分ではな

いamong通行を妨げているといえるような場合には往来妨害罪に問われる可能性が高まるといえます。

3　警察での対応

　警察による対応・取締りが必要となる可能性がありますので、相談者はまずは警察に連絡されるのがよいでしょう。刑事事件として扱ってもらえるかは分かりませんが、交通を妨害しているということであれば、警察から移動を促してくれたり今後営業しないよう注意したりしてくれる可能性があります。

　また、警察官が駆け付けるまでに時間がかかることも考えられますが、その間に当該キッチンカーが撤収してしまうこともあり得ます。そのような場合に備えて、営業している様子をスマートフォンで写真撮影や動画撮影するなどして証拠保存し、警察官に提供できるようにしておくとよいと思います。

　もっとも、撮影した写真や動画を非難目的でSNSにアップロードすることは決してお勧めできません。正義感から出た行動であっても、相談者が名誉毀損行為を行ったとして刑事責任や民事責任を問われるおそれがあります。相談者が加害者の立場になってしまいますので気を付けましょう。

　他方、通報を受けた警察機関としては、実際に往来に支障を来しているような場合には交通事故の発生を招くおそれがありますので、早めに現場に臨場して確認・対処することが期待されます。また、一度目は注意だけで終わらせる場合であっても、違反者が別の場所に移動して同じようなことを繰り返さないよう、次はどこで営業する予定か等を聴き取ったり、次に違反行為を確認した場合には厳正に対処するので必ず道路使用許可を取得するよう説諭したりすることも考えられます。

ワンポイントアドバイス

　警察に連絡する場合、110番すべきか近くの警察署や交番に連絡すべきか悩まれると思います。110番は緊急性のある連絡への対応を優先する必要がありますので、現場の状況からして緊急性があるとまでいえないようなケースでは、110番ではなく近くの警察署や交番に連絡した方がよいでしょう。ただし、残った道路が狭いなど、早く対処しないと交通事故が起きるおそれがあるような場合は、110番でよいと思います。その際、具体的な場所やキッチンカーの特徴、ナンバープレートのナンバーなど具体的な情報を伝えるようにするとよいでしょう。

（荻野　友輔）

〔14〕　飲食店の行列の事案

　隣の飲食店がSNSで話題になってから、整列されていない行列が私の店の前の道路まで占領するようになり、邪魔でなりません。また、私の店への入店が難しくなり、客足が減ってしまいました。

対応のポイント

・行列が自店舗前の道路を占領している状況について、写真等何らかの証拠を保存しておく。
・まずは、個別的な交渉により改善を求める。
・改善が見られない場合、差止請求や損害賠償請求等の方法も検討する。

解　　説

1　行列が道路を占領することによる法令違反の可能性

　行列が道路を占領し、近隣店舗への公道からの入店を妨げる場合は、道路交通法76条4項2号「道路において、交通の妨害となるような方法で寝そべり、すわり、しやがみ、又は立ちどまつていること」に該当し、5万円以下の罰金の罰則が適用される可能性があります（道交120①十）。

　もっとも、上記法令の適用は、行列に並ぶ客個人へのものであり、行列の発生原因である飲食店に対し、適用されるものではありません。

　また、行列の態様や行列店の対応策等の状況にもよりますが、刑法上の業務妨害罪（刑233・234）については、直ちに成立するといい切れるものでもありません。

2　営業妨害に対し取り得る対応

　客足が減ってしまった店舗が、行列店舗に対して、行う対応としては、まず、行列店舗の行列により、自店舗の入店が妨げられていることを隣の飲食店に対して伝え、行列の改善を行うよう求める交渉を行うことが考えられます。このとき、認識や記憶、感覚のみで営業妨害ととらえておくにとどまらず、隣店の行列が自店舗の入店を阻む様子を写真等の証拠として保存しておくことが重要です。また、交渉が思うように進まない場合、上記道路交通法違反となる可能性があることを踏まえ、警察に相談に行くということも考えられます。

　また、上記交渉を行っても、状況が改善されないという場合は、弁護士に相談し、営業の差止請求や、損害賠償請求を行うことも考えられます。もっとも、この場合、損害等の立証責任は、客足が減り損害が生じた店舗の方にありますので、行列が生じた時期や、行列と入店客の減少の因果関係を立証するため、根拠となる写真や客数の推移、売上データ等を整理しておくことが望ましいといえます。

ワンポイントアドバイス

　自治体や警察が相談を受けた場合、行列の状態等を確認し、道路を占領している状況があれば、注意することが考えられます。もっとも、あくまで道路を占領していることによる交通の妨げ等の面からの注意となり、営業妨害等については、故意や悪質性がみられない限り、当事者同士の交渉に委ねることが妥当と思われます。

（遠藤　真紀）

〔15〕　催し事のために道路利用規制が行われている事案

　我が家の前の市道で、映画のロケが行われると聞きました。その際、私の家の前の市道の通行が規制されるようです。しかし、我が家には介助が必要な者がおり、毎週決まった曜日にデイサービスに通っています。デイサービスを利用するために、いつ、どのような規制が行われるのかを事前に知ることはできますか。

対応のポイント

・地域を所轄する警察署で、道路使用許可を得ているか確認する（道路交通法による道路使用許可）。
・道路を管理する国、都道府県、市区町村で、道路占用許可を得ているか確認する（道路法による道路占用許可）。
・製作者等とコミュニケーションを図り、地域住民や通行者に注意喚起するための予告看板等を掲示することなどの対策を講じる。

解　　説

1　道路交通法による道路使用許可について

（1）　絶対的に禁止される行為と許可を得れば使用できる行為

　道路を通行以外で使用するには、道路使用許可が必要となることがあります（道交77、道路32など）。

　そもそも、道路の上に交通の妨害となるような方法で物を置いたり、道路上の人や車を損傷させるおそれのある物を投げるなどの行為を行

うことは絶対的に禁止される行為です（道交76③・④四・五）。

　一方で、交通の妨害や危険がなく社会的な価値を有するものは、その地域を所轄する警察署長の許可を得れば、使用することができます。

　(2)　許可を得れば使用できる行為

　警察署長の許可を得れば、使用することが可能になる行為とは下記のような場合です（道交77①）。

①　道路において工事若しくは作業をしようとする行為

②　道路に石碑、広告板、アーチ等の工作物を設けようとする行為

③　場所を移動しないで、道路に露店、屋台等を出そうとする行為

④　道路において祭礼行事、映画などのロケーション等の行為で各都道府県の道路交通規則に定められているもの

　(3)　違反の場合

　道路使用許可を取得することなく上記(2)①から④までの行為をした場合、3か月以下の懲役又は5万円以下の罰金が科せられます（道交119②七）。

2　道路法による道路占用許可について

　(1)　道路の占用とは

　道路に一定の施設を設け、継続して道路を使用することを「道路の占用」といいます（道路32②一）。

　道路を占用する場合、道路を管理している「道路管理者」の許可を得る必要があります（道路32①）。道路管理者とは、道路法の規定に基づき道路を管理する国土交通大臣、都道府県、市区町村を意味します（道路18①）。

　(2)　占用許可が必要な場合

　占用許可が必要な場合とは、道路に次の①〜⑦のいずれかに掲げる工作物、物件又は施設を設け、継続して道路を使用しようとする場合

をいいます（道路32①）。

① 電柱、電線、変圧塔、郵便差出箱、公衆電話所、広告塔その他これらに類する工作物

② 水管、下水道管、ガス管その他これらに類する物件

③ 鉄道、軌道、自動運行補助施設その他これらに類する施設

④ 歩廊、雪よけその他これらに類する施設

⑤ 地下街、地下室、通路、浄化槽その他これらに類する施設

⑥ 露店、商品置場その他これらに類する施設

⑦ 上記①～⑥に掲げるもののほか、道路の構造又は交通に支障を及ぼすおそれのある工作物、物件又は施設のうち、政令で定めるもの（看板など（道路令7①））

　(3)　違反の場合

道路法32条1項の規定に違反して占用許可を得ずに道路を占用した場合、1年以下の懲役又は50万円以下の罰金が科せられます（道路102一）。

3　使用許可と占用許可の対象の違い

交通の安全に支障が生じる可能性があれば、警察署長の使用許可が必要となり、道路を継続的・独占的に使用する場合であれば、道路管理者の占用許可が必要となります。

すなわち、道路使用許可は、交通の安全に支障が生じる可能性のあるものを対象にしており、その行為の継続性は問題としていません。一時的に道路上で行うものであっても、継続的な行為でも、どちらも対象となります。

一方で、道路占用許可は、道路に一定の施設を設置し、道路を継続的・独占的に使用する場合を対象にしています。したがって、道路占用許可に該当する場合、道路使用許可も併せて必要となります。

4　ガイドライン

　令和2年8月25日、内閣府が中心となって、警察庁、消防庁、国土交通省、文化庁との共同名義で「ロケ撮影の円滑な実施のためのガイドライン」（以下「ガイドライン」といいます。）を作成しました。

　ガイドラインにおいては、製作者等に求められることとして、許認可権者が示す許認可等条件の遵守をはじめ法令遵守は当然のこと、許認可権者や地方自治体等とも連携し、ロケ地の地域住民と密なコミュニケーションを図り、その理解を得ていくことが重要であるとされています（ガイドライン2章3）。そのためには、地域住民や通行者に注意喚起するための予告看板等を掲示することなどが必要と思われます（ガイドライン3章2(2)イ参照）。

　なお、ガイドライン別添の「ロケ撮影が円滑に行われた好事例集」の中で、好事例として次の①から③が挙げられています。

①　協議会形式による合意形成（自治体等が、地域住民、道路利用者等の合意形成のため、協議会を設置）

②　関係者が協力した合意形成（自治体が、地域住民に事前広報や説明会等を実施するなど、地域住民等の合意形成のため主体的に連絡調整を実施、日ごろより地域イベントにも参加し、コミュニケーションを図るなどを実施）

③　製作者等単体での取組による合意形成（自治体、自治会、地域住民、店舗・商店街、企業等に説明、地域住民に対する協力依頼文の配布）

　したがって、今後、より一層、地域住民等に向けて事前の説明会の開催や掲示が行われていくことが予想されます。

ワンポイントアドバイス

　許可の内容を調査するために、情報公開条例に基づき道路使用許可証の開示を求めるといった方法も考えられます。しかし、まずは所轄の警察署に連結し、事情を話して、交通規制の予定などを教示してもらうのが、簡便だと思われます。

（中村　英示）

〔16〕　拡声機による騒音の事案

　家の前の道路を、広告でラッピングされた大型トラック（アドトラック）が大音量で風俗関連の求人放送を流しながら頻繁に走行するため、寝ている子どもはすぐ起こされてしまいますし、私自身もイライラしてしまいます。何とかやめさせることはできませんか。

┌─────────────────┐
│　対応のポイント　│
└─────────────────┘

・問題となるアドトラックの走行について、必要な許可を得ているかを確認する。
・条例上の制限に違反していないかを確認する。
・取り得る法的措置を示す。

```
解　　説
```

1　法令上の規制

　まず、騒音に関する法律として、騒音規制法がありますが、同法は「自動車（道路運送車両法（昭和26年法律第185号）第2条第2項に規定する自動車であつて環境省令で定めるもの及び同条第3項に規定する原動機付自転車をいう。）の運行に伴い発生する騒音」（騒音規制2④）と定義される自動車騒音等を規制するものであり、運行に伴い発生するものではなく、自動車に搭載された別途の装置等により発せられた騒音について規制するものではありません。

　そこで、各自治体においては、街宣車等の取締りを念頭に、拡声機による暴騒音について規制する条例が定められていることが多く、商

業宣伝目的の広告トラック、いわゆるアドトラックについて、地域ごとに条例の存在や適用があるかを検討することとなります。

　例えば、東京都においては、「拡声機による暴騒音の規制に関する条例」が定められているところ、同条例に規制される「暴騒音」は、「東京都公安委員会規則で定めるところにより、当該音を生じさせる装置から10メートル以上離れた地点（当該装置が道路その他の公共の場所以外の場所において使用されている場合にあっては、当該場所の外の地点に限る。）において測定したものとした場合における音量が85デシベルを超えることとなる音」とされています（同条例3）。そして、拡声機による暴騒音を生じさせ、これに対する中止命令等(同条例7①〜③)に違反した者については、6か月以下の懲役又は20万円以下の罰金という罰則があります（同条例12）。

2　アドトラックに係る騒音以外の規制

　また、アドトラックは、騒音面からの規制のほかにも、以下のような規制があります。

　まず、道路交通法77条1項4号は、警察署長の許可を受けなければならないものとして、「前各号に掲げるもののほか、道路において祭礼行事をし、又はロケーションをする等一般交通に著しい影響を及ぼすような通行の形態若しくは方法により道路を使用する行為又は道路に人が集まり一般交通に著しい影響を及ぼすような行為で、公安委員会が、その土地の道路又は交通の状況により、道路における危険を防止し、その他交通の安全と円滑を図るため必要と認めて定めたものをしようとする者」と定めているところ、例えば東京都においては、東京都道路交通規則18条1項3号により、「車両等に広告又は宣伝のため著しく人目をひくように、装飾その他の装い（車両等を動物、商品その他のものにかたちどることを含む。）をし、又は文字、絵等を書いて通行す

ること。」とし、アドトラックについて、警察署長による道路の使用許可が必要である旨規定しています。仮に、許可を得なかった場合には、3か月以下の懲役又は5万円以下の罰金という罰則の適用のおそれがあります（道交119②七）。

　また、東京都においては、東京都屋外広告物条例により、「電車又は自動車の外面を利用する広告物等」については、規則で定める基準に適合するものでなければならないとしており（同条例14②）、東京都屋外広告物条例施行規則13条2号にてその基準を定めていますので、同基準を満たす必要もあります。

3　法的措置による対応

　騒音に悩む住民個人においては、法的措置として、騒音により平穏な生活が害されるとの人格権侵害などを理由として、アドトラックの走行の差止請求を行うことが考えられます。このとき、受忍限度を超えるものとして差止めが認められるかの判断においては、条例上の基準が重要な考慮要素となります。

　また、イライラする等を超え精神疾患を発症してしまった場合等には、不法行為に基づく損害賠償請求をすることも考えられます。

ワンポイントアドバイス

　自治体が相談を受けた場合、まずは対象となるアドトラックが、必要な許可を得ているか、法令に違反するものではないかを確認し、違反する場合には、法令に基づき必要な対応を行うことが考えられます。
　また、住民に対し、上記民事上の法的措置を取り得るとの案内をすることも望ましいといえます。

（遠藤　真紀）

第 3 章

学校・図書館・その他
公共施設に関する事案

72

〔17〕　保育園周辺者からの苦情（騒音）の事案

　私の経営する保育園では、園児が園庭で大きな声を出して走り回ったり、歌の時間になると園児が大きな声で歌を歌うなどしています。特に夏のプール遊びの際は一段と賑やかとなります。

　また、運動会や学芸会のような特別なイベントのときは、音響機器を利用するばかりでなく、応援に来られる保護者の方の声援も大きくなりがちです。その他にも、子供を迎えに来る保護者同士が、園の出口付近でおしゃべりを続けていることも見受けられます。

　近頃、近隣にお住まいの方から、当保育園の園児や保護者の方の声がうるさいとの苦情が寄せられました。園の行事を中止するわけにもいかず、一方でどこまで近隣住民の方に我慢していただくか判断できずに困っています。

┌─────────────┐
│　対応のポイント　│
└─────────────┘

・裁判所は、騒音被害が一般社会生活上受忍するべき限度を超えるものかどうかで判断している。
・地方公共団体が定める環境基準、騒音規制及び騒音基準は、公害防止行政上の指針や行政上の施策を講じるべき基準を定めている。
・同基準は本来私人が発生させる騒音問題に直接適用されないものの、騒音が生活環境や人の健康に与える影響に係る科学的知見に基づき、周囲の環境等の地域特性をも考慮して定めた「有益な指標」である。

解　説

1　はじめに

　待機児童対策が重要な政策課題になっている昨今、保育所等の増設が大きな課題になっています。

　その一方で、保育施設の周辺に居住する方から、保育施設等から出される音について様々な苦情等が寄せられているという話もあるようです。そのような状況の中で、近隣住民の反対などを受けて、新規に保育園を開設することを断念したという事案が、全国的に複数発生しています。

　このように、保育所、保育園、幼稚園等の利用者と近隣住民との間で、騒音に関するトラブルが生じてしまうことは避けられない問題といえます。

2　判例の傾向

(1)　受忍限度論

　裁判所は、騒音による被害が違法な権利侵害になるかどうかの基準について、「被害が一般社会生活上受忍するべき程度を超えるものかどうか」により決めるべきと判断する傾向にあります。これを受忍限度論といいます。

　そして、受忍限度に収まるかどうかの判断は、「侵害行為の態様、侵害の程度、被侵害利益の性質と内容、当該施設の所在地の地域環境、侵害行為の開始とその後の継続の経過及び状況、その間に採られた被害の防止に関する措置の有無及びその内容、効果等の諸般の事情を総合的に考察」するべきと考えます（最判平6・3・24判時1501・96参照）。

(2)　判断基準となり得るもの

　下級審の判例の中には、「被害が一般社会生活上受忍するべき限度

を超えるものかどうか」を判断するために、自治体が制定している環境基準、騒音規制及び騒音基準を「有益な指標」として考慮すべきであるとしたものがあります（神戸地判平29・2・9（平26（ワ）1195）、大阪高判平29・7・18（平29（ネ）696））。

　たしかにこれらの基準は、公害防止行政上の指針や行政上の施策を講じるべき基準を定めるものであって、本来私人が発生させる騒音問題に直接適用されないものです。しかし、同基準は、騒音が生活環境や人の健康に与える影響に係る科学的知見に基づき、周囲の環境等の地域特性をも考慮して定めたものであることはいうまでもありません。したがって、これらの基準に照らして「被害が一般社会生活上受忍するべき限度を超えるものかどうか」を検討すべきということになります。

　(3)　下級審判例におけるその他の判断要素

　上記下級審では、「保育園が一般的には単なる営利目的の施設などとは異なり公益性・公共性の高い社会福祉施設であることや、園児が園庭で自由に声を出して遊び、保育者の指導を受けて学ぶ機会はその健全な発育に不可欠であることからすれば、保育活動から生じる騒音については、侵害行為の態様の反社会性が相当に低いといえる。」と判断しています。

　加えて、問題となった保育園においては、自治体における保育需要に対する不足を補うため自治体からの要請を受けて設置・運営したという経緯があり、自治体における児童福祉施策に寄与してきたこと、被害の防止に関する措置として、保育園の開設までの経緯を見ると、保育園事業者は、近隣住民に対して何度か説明会を開催して工事内容等を説明し、保育園施設設計の一部変更、遮音性能を有する本件防音壁の設置を行っていること、近隣住民の一部とは防音対策に係る合意を交わしてきたことなどを考慮しています。

3　東京都の例

(1)　環境確保条例

東京都の「都民の健康と安全を確保する環境に関する条例」(以下「環境確保条例」といいます。) においては、都市計画法で定める用途地域によって騒音の規制値が異なります。例えば、低層住宅に係る良好な住居の環境を保護するため定める地域である第1種低層住居専用地域 (同条例136・別表13) は、午前8時から午後7時までの間で45デシベル以上の音を騒音として規制しています。

従前の東京都の環境確保条例には、騒音の中に「子供の声」が含まれていました。つまり、子供の声もほかの騒音と同じ扱いをされ、数値で規制される対象になっていました。しかし、保育所で遊ぶ子供たちの声は、規制数値を軽々と超えます。そうすると、住宅街で保育所を開設することは現実的に不可能になってしまいます。

(2)　子供の声は騒音なのか

2015年、当時の舛添都知事が「健全に子供が成長するためには、大きな声を出して遊ぶことは必要」との立場を取り、子供の声を環境確保条例の規制の対象外にすることになりました (同条例別表13一の二参照)。つまり、子供の声や足音・遊具音などは環境確保条例に基づく単なる数値規制の対象外になりました。その結果、条例による規制ではなく、受忍限度論による判断がなされることになったのです。

ただし、受忍限度論の判断の考慮要素として、環境確保条例の基準が依然として重要な基準であることは、既述した下級審判例での判断枠組みからも明らかです。

4　対応方法

(1)　苦情の対象となっている騒音は何かを明らかにする

まずは、苦情の対象となっている騒音が何なのかを明らかにすべき

です。例えば、園児の声なのか、保育施設の先生方の声なのか、お迎えに来た保護者の話し声なのか、送迎の車の音なのか、運動会のときの音響機器なのかによって対策が変わります。まずは、騒音の対象が何なのかを把握することが必要です。騒音の対象によっては対応策が異なるからです。

　(2)　ソフト面の対応

　保育施設への地域の親密度を高め、近隣住民の理解を得る努力をすることは大前提でしょう。地域の中の保育施設として、地域全体でその施設を担っていくような取組を行うべきです。

　保育施設事業者は、場合によっては、住民説明会を開催し、個別の近隣住民との間で、騒音対策に関して合意できる点があれば合意書を交わす（例えば、近隣住民の住宅の窓を保育施設事業者の費用負担で二重サッシにする等）などの対応が必要です。

　(3)　ハード面の対応

　まずは、いつ、どこで、どのような騒音が発生しているのか、騒音のレベルはどの程度なのかを計測することが必要です。その上で、設備的な対応としては、スピーカーの位置を変える、子供たちの遊ぶエリアを変える、必要のないときには窓をなるべく閉める、ホイッスルの利用を避ける、遮音性の高いサッシを用いる、敷地境界線に建てる塀を防音性の高いものにする、保護者向けに自動車のアイドリング禁止と園の近くでの保護者同士の会話を控えてもらう注意書きを掲示するなどの対応が可能です。

（中村　英示）

〔18〕　モンスター・ペアレンツ（暴力的・威迫的言動）の事案

　私は中学校で教師をしています。生徒の保護者から、成績の付け方がおかしいとクレームを言われ、成績を付け直さなければ、保護者会で成績評価に不正があったと告発したり、マスコミに知らせたりすると言われました。

対応のポイント

・クレームの理由、事実関係の調査をする。
・組織として対応する。
・警察署、弁護士等の専門家に相談する。
・事前に対応マニュアルを作成しておく。

解　説

1　クレームの理由、事実関係の把握

　生徒の保護者からクレームがあった場合、まずは、その理由を詳しく聞く必要があります。

　その上で、必要な事実関係の調査を行っていくことになります。

　上記事案では、担当教師が、どのような根拠や資料に基づいて成績を決定したのかなどを、調査していくことになります。

　この段階で注意すべき点としては、クレームに理由がないと決めつけず、真摯に調査をすることです。他方で、保護者に対し、クレームが通るという期待を抱かせるような説明をしないことも重要となります。そもそも、教師には生徒の能力や特性に応じた専門的な判断が求

められるとともに、教育を実践する専門家としての裁量権が認められます。成績評価も例外ではなく、その評価が具体的な事実に基づかないか、評価に影響を及ぼすべき前提事実の認定に誤りがあった場合、又は不合理な基準に基づいて分類された場合等に限って、裁量の範囲を逸脱したものとして違法になると考えられます。

　また、個別の面談を実施すること自体が、成績評価の公正さに疑問を抱かせる結果になることもありますので、注意が必要です。生徒と保護者の利益は別であり、最も優先すべきは生徒の利益であることも忘れてはなりません。

2　上記事案の法的問題

　上記事案において、保護者は、成績の付け直しを求めるだけでなく、保護者会で成績評価に不正があったと告発したり、マスコミに知らせたりすると言っています。

　こうした行為は、担任の名誉を害する行為をすると脅し、成績の付け直しを強要するものとして、脅迫罪や強要（未遂）罪に該当する可能性があります。

　また、実際に、保護者が保護者会で告発をするなどした場合、名誉毀損罪に該当する可能性もあります。

　このような保護者の行為は、上記のような刑法上の犯罪だけでなく、担任や学校に対する民事上の不法行為にも該当する可能性があり、保護者は損害賠償義務等の法的責任を負う場合があります。

　相手に対しては、担任の権利が侵害されるような場合には、法的措置を検討する旨を伝え、けん制を図ることは考えられます。

3　組織としての毅然とした対応

　担任が保護者からクレームを言われた場合、ともすれば、その担任

が問題を一人で抱え込み、孤立してしまい、適切な対応がとれなかっ
たり、心身を害してしまったりすることもあります。

　そのため、こうした事案では、学校が組織として対応していくこと
が必要不可欠となります。こうした対応をスムーズに行うためには、
このようなクレームがあった場合、学校としてどのように対応してい
くかについて、あらかじめルール化しておき、これを全職員に周知し
ておくことが重要といえます。

　また、保護者からのクレームに真摯に耳を傾け、事実関係をきちん
と調査することはもちろん必要不可欠ですが、その結果、そのクレー
ムに理由がないと判断した場合には、これに応じることはできないと、
学校として明確に回答をする必要があります。特に、上記事案のよう
に、教育内容に関わる事項について、脅迫的手段を用いて理由のない
要求がされたような場合には、法的措置も視野に入れ、毅然とした対
応をとる必要があります。

4　専門家への相談

　毅然とした対応が必要であると述べましたが、教師や学校は子供（生
徒）のことを第一に考えるあまり、保護者からの要求に毅然と対応で
きなくなってしまうところもあると考えられ、学校だけで対応するこ
とには、難しさがあります。また、第三者が中立的に事案を検討した
場合、学校の判断とは異なった結論となる可能性もあります。さらに、
事案によっては、法的措置を検討した方がよい場合もあります。

　そのため、こうした事案については、弁護士等の専門家に相談する
ことを検討するのも一つの方法です。

　なお、各弁護士会には、民事介入暴力被害者救済センターがあり、
そちらに相談等をするという方法もあります。

ワンポイントアドバイス

　教育現場における保護者等からの教員・学校に対する過剰・不当な要求行為のことを「教育対象暴力」ということがあります。殴る・蹴るといった直接的な暴力に限らず、何度も謝罪を要求する、執拗に叱責したりする不当な行為も、教育対象暴力に含まれると考えられています。

　このような教育対象暴力が起きると、教職員が対応に苦慮し、通常業務（授業、部活等）に悪影響を及ぼすことがありますし、教職員が精神的ダメージを負い、鬱病の発症、休職、退職に追い込まれることもあります。

　このような事態にならないよう、解説本文に記載したとおり、①適切な調査を行う、②クレームを受けている教師を孤独にせず、組織的な対応を行う、③調査の結果、クレームの内容や程度が不当要求や刑事上の犯罪に該当している可能性が高い場合は、速やかに専門の弁護士、警察署に相談することが大切です。

　また、生徒の利益を第一に考えた場合、教員と保護者の信頼関係の程度によっては、保護者と個別に面談することが有益と判断される場合もあります。もっとも、面談により、かえって保護者を刺激すること等もありますので、上長と相談した上で、慎重に判断をすべきと思われます。

　その他、専門家の介入は早い方がよいので、保護者のクレームがあった時点で、弁護士、警察に相談をし、①の調査の時点から専門家による法的助言を受けながら行うのもよいでしょう。

（森　伸恵）

〔19〕　児童同士の喧嘩の事案

　現在小学生である長男の同級生の母親から、いきなり電話がかかってきて、「おたくの長男にけがをさせられました。警察に相談に行きます。慰謝料も払ってもらいます。」とのことでした。長男に確認したところ、ささいなことで喧嘩になり、お互い殴ったり蹴ったりしたということで、長男の腕にも擦り傷がありました。このような場合、どう対応すべきでしょうか。

```
対応のポイント

・事実関係を調査する。
・客観的・中立的情報を入手する。わが子の話のみをもって、
　事実関係を決めつけない。
・事実関係を確認した上、適切な対応を行う。
```

解　説

1　児童同士の喧嘩

　本件のような要求を受け、対応方法を検討する場合、まずは事実確認を行うべきです。ご自身の子どもから事情の聞き取りを行うに当たり、喧嘩としてお互いに殴る蹴る等の暴行を行ったのか、それともどちらか一方の暴行の事案なのかを把握することはもちろんですが、揉め事が起こった場所や、その際周囲にいた人（友人や教師など）から状況の聞き取りも行ってください。子どもからの聞き取り情報を基に、目撃者等が見込まれる場合は、目撃情報等客観的、中立的な情報を得るよう更なる情報収集に努めるべきです。その際、学校に協力を

仰ぎ、事実の調査を依頼するという対応も考えられるでしょう。

　また、事実確認を行うまでは、子どもの話のみを根拠として、相手の子どもやその親を非難したり、責任回避とも取れる言動を行ったりすると、その後円満な紛争解決が阻害される可能性がありますので注意しましょう。

　なお、話の聞き取りのほか、子どものけがの状況について客観的な証拠を残すため、写真を撮ったり、医師の診察を受け診断書を取得したりすることで、後の話合いにおいて交渉を有利に進めることができますので、積極的に行いましょう。

2　刑事法上の責任

　本件において、相手親は警察に相談に行くとのことですが、子どもは刑事法上の責任を負う可能性があるでしょうか。

　まず、行為として、殴る、蹴る等の暴行を加えた場合は、暴行罪（刑208）、暴行により傷害を負わせた場合は、傷害罪（刑204）に当たります。

　もっとも、14歳未満で刑罰法令に触れる行為をした少年は、触法少年に当たります（少年3①二）。すなわち、14歳未満の少年には、刑事責任能力がないため（刑41）、刑罰法令に触れる行為を行っても犯罪とはならず、刑罰を科すことはできません。しかしながら、触法少年には福祉的観点からの処遇が必要といえるため、触法事件が発覚した場合に必要があるときは、警察官による調査（少年6の2①）が行われた後、児童相談所長への通告・送致が行われ（少年6の6）、児童相談所による調査により相当と認められた場合（児福26①一）、家庭裁判所へ送致され審判に付されることがあります（児福27①四）。

3　民事法上の責任

　本件において、相手親は慰謝料等の支払を求めてきていますが、仮

に子どもが相手の子どもにけがを負わせた場合、金銭を支払う必要が
あるでしょうか。

(1)　損害賠償責任

まず、一般的な不法行為として、故意又は過失により傷害を負わせ
た場合、治療費等の損害賠償責任を負います（民709）。

もっとも、未成年者は、他人に損害を加えた場合において、自己の
行為の責任を弁識するに足りる知能を備えていなかったときは、その
行為について賠償の責任を負いません（民712）。ここにいう「自己の行
為の責任を弁識するに足りる知能」とは、単にその行為が道徳的に不
正であることを認識する能力でなく、何らかの法律上の責任を生ずる
ことを認識する能力をいい、11〜12歳以下の未成年者については否定
されることが多いです。

そして、民法712条により責任無能力者がその責任を負わない場合
において、その責任無能力者を監督する法定の義務を負う者は、原則
としてその責任無能力者が第三者に加えた損害を賠償する責任を負い
ます（民714①）。したがって、その責任無能力者が不法行為を行った場
合は、その親権者が損害賠償責任を負います。このとき、親権者が監
督義務を怠らなかったときは、その責任を免れますが（民714①ただし
書）、義務を怠らなかったことの立証責任は親権者にあり、責任を免れ
るハードルは高いものといえます。

(2)　賠償する損害の内容

損害の内容としては、まず、治療費等の実際に生じた損害が考えら
れます。

次に、後遺症等が生じた場合、得るはずだった収入を得ることがで
きなかった損害として逸失利益が考えられます。

また、本件でも請求されている慰謝料も損害の内容となるところ、
相手に傷害を負わせた場合は、入通院慰謝料の支払、相手に後遺症が

ある場合は、後遺症慰謝料の支払が考えられます。裁判実務上、慰謝料はいかなる場合も認められるものではなく、死亡、傷害、後遺症等を生じさせた場合に認められることが多く、その額についても交通事故の事例を念頭にしたおおよその基準があります。

　もっとも、上記の基準とは別に慰謝料を求められることもあり得ます。この場合は、容易に応じることはせず、そのような精神的損害の有無や損害額について、調査した事実に基づき交渉を行うことが重要です。

(3)　災害共済給付制度

　災害共済給付制度に加入している学校については、生徒間での喧嘩で生じたけがなどについて医療費や障害見舞金の支払を受けられることがあります。当該事案について給付を受けることができるかどうか学校に問い合わせてみるのもよいでしょう。

ワンポイントアドバイス

　警察が相談を受けた場合、事情聴取を行った上、その暴行態様や、傷害の程度等に応じて、警察が介入すべきかを判断すべきと思われます。また、民事上の責任追及の検討についても示唆することが望ましいといえます。

　学校が相談を受けた場合、学校で起きた事象であった場合は、事実関係の調査に協力するとの対応が考えられます。事実調査に当たっては、一方の児童の話のみをもって事実を認定するのではなく、双方の児童の話を聞いた上で状況把握に努め、また目撃者等がいる場合は、その目撃者へも調査を実施するよう努めましょう。

（遠藤　真紀）

〔20〕　廃校への侵入の事案

　市が管理している廃校へ、肝試し目的やYouTube撮影目的の若者が勝手に出入りしており、近隣住民から苦情が来ています。どのような対処方法が考えられるでしょうか。

┌─ 対応のポイント ──────────────────────┐

・廃校の管理状況を整える。
・侵入者を調査し、警察への被害届提出を検討する。
・看板等に、管理者として問合せ窓口を明記する。

└───────────────────────────────┘

解　　説

1　侵入行為の法令違反

(1)　建造物侵入罪（刑130）の成否

　建造物侵入罪は、正当な理由なく人の看守する建造物に侵入した場合に成立する犯罪です。

　廃校は、「建造物」に当たるところ、同罪が成立するためには、廃校が人の看守するものであったといえることが重要です。そして、人の看守する建造物といえるためには、立て看板の設置にとどまらず、施錠による管理や、警備員、防犯カメラ等による監視を行っていることが要素となります。したがって、廃校の管理状態により、本罪が成立するか、後述の軽犯罪法違反が成立するかの違いが生じます。

　また、「侵入」とは、管理権者の意思に反して立ち入る行為をいうため、仮に、市の同意を得て立ち入る場合は、本罪は成立しません。

(2)　潜伏の罪（軽犯1一）の成否

　潜伏の罪は、正当な理由なく、看守していない建物に潜んだ場合に成立する犯罪です。

　本罪は建造物侵入罪の補充規定であり、両罪は人の看守の有無による住み分けがなされているため、建造物侵入罪が成立する場合は、本罪は成立しません。また、本罪は、単なる侵入とは異なり、「潜む」という行為の継続性及び非公然性が必要であるため、例えば一歩立ち入るという程度にとどまる場合には本罪は成立しません。

2　管理者としての対処法

　管理者としては、まず廃校をきちんと管理しているという状態を整えることが重要です。具体的には、建物や敷地出入口部分の施錠はもちろんのこと、管理者を明示した立入禁止看板の設置、警備員の配備、防犯カメラ等による監視及び「防犯カメラ設置」等の看板設置を行うことが重要です。特に、上記犯罪のうち、「人の看守する」廃校に侵入したとして建造物侵入罪の成立を主張するためには、上記管理状態が重要な要素となります。もし適切に管理しているにもかかわらず門扉を乗り越えて入り込んできたという場合には、建造物侵入罪の成立もあり得るでしょう。

　また、正当な理由のない無断の侵入を防ぐために、管理者を示す看板や市のホームページ等において、問合せ窓口を明示するということが考えられます。正当な使用目的を伝えた上で廃校を使用するという選択肢を示すことで、無断の秩序ない侵入を防ぐことができると考えられます。

　なお、無断侵入者についても、廃校の設備等に関連し死亡事故や負傷事故が生じた場合、管理者の立入り防止措置が不十分であり、土地工作物の設置保存に瑕疵があるとして、損害賠償責任（民717）を負う可能性があることに注意が必要です（ただし、過失相殺が認められる余地はあります。）。

ワンポイントアドバイス

　　自治体が相談を受けた場合、侵入行為を行っている者の人相風体や人数等について聞き取りを行うとともに、防犯カメラ等を設置している場合は映像等を確認し、侵入者の特定に努め、警察への相談等しかるべき措置をとるべきでしょう。
　　また、管理状態を整えるために、施錠等で満足せず、管理の外形を示す看板等の設置を検討しましょう。

（遠藤　真紀）

〔21〕　公園での火気使用禁止ルール違反の事案

　近くの都市公園では、公園内看板に禁止事項として「火気使用禁止」が掲げられているにもかかわらず、夏休みになると、公園でバーベキューや花火をする学生や家族連れが後を絶ちません。どのような対処方法が考えられるでしょうか。

対応のポイント

・禁止事項の法的根拠を確認する。
・違反増加事由の調査等、違反の実態を確認する。
・上記確認結果を考慮し、違反者への注意等を行う。

解　　説

1　公園の禁止事項の法的根拠

　都市公園は、自由利用が原則ですが、各自治体の条例において禁止行為を定めるものがほとんどです（都園18）。

　例えば、東京都立公園条例は、第16条において、禁止事項を次のように定めています。

（行為の制限）
第16条　都市公園内では、次の行為をしてはならない。ただし、第1号から第7号までについては、あらかじめ知事の許可を受けた場合は、この限りでない。
一　都市公園の原状を変更しまたは用途外に使用すること。
二　植物を採集しまたは損傷すること。
三　鳥獣魚貝の類を捕獲しまたは殺傷すること。

> 四　広告宣伝をすること。
> 五　指定した場所以外の場所へ車馬等を乗り入れまたはとめおくこと。
> 六　立入禁止区域に立ち入ること。
> 七　物品販売、業としての写真撮影その他営業行為をすること。
> 八　都市公園内の土地または物件を損壊すること。
> 九　ごみその他の汚物をすてること。
> 十　前各号のほか、都市公園の管理に支障がある行為をすること。

　1号から9号までのように、条例上具体的な禁止事項として定められているもののほか、10号に当たるとして禁止されている事項もあります。バーベキューや花火などの火気使用を禁止事項としている場合は、当該行為は10号に該当するとして禁止されていることとなります。

　なお、公園における火気使用については、周囲の状況や消火の準備状況等により、軽犯罪法（軽犯1九）や消防法（消防3①一）に抵触するおそれもあります。

2　公園における禁止事項の禁止態様

　禁止態様については、自治体の全公園について一律禁止とする一律規制を行う方法と、各公園について禁止事項を定める個別規制を行う方法があります。したがって、規制に当たっては、公園ごとに差異を設けることが適切であるかを検討する必要があります。

　条例上禁止事項として定められている場合、禁止事項を行ってしまった際の罰則規定についても注意が必要です。上記東京都立公園条例においては、禁止事項に掲げる行為をした者に対しては、5万円以下の過料を科するとされています（同条例25）。

　なお、各公園においては、「〜を禁止します」と禁止事項として定められているほか、「避けましょう」「気を付けましょう」とあくまでマナーとして制限するにとどまるものもあります。

3　禁止事項違反者の増加への対処法

　本件のような場合、市としては、違反増加の原因等の調査を行い、また、「火気使用」を禁止事項とする公園内看板の表現等の見直しを行う等、再度周知を図るべきでしょう。そして、違反者に対して、必要に応じて注意等を行い、それでも違反を繰り返す者がいる場合は、条例上の罰則の適用についても検討しましょう。

ワンポイントアドバイス

　自治体が相談を受けた場合、まず当該行為が条例で定める禁止事項に当たるか、各公園で示されているマナー違反となるにすぎないのかを確認し、注意、罰則適用、制限の拡充等の対処方法について検討しましょう。

　また、そもそも禁止事項を検討する上で、違反者数や違反の実態に鑑み、管理が可能である公園についてはバーベキューや花火等を制限しない個別的制限も検討し、違反者の減少に努めるという方法もあります。

　警察が相談を受けた場合、禁止事項に抵触することを確認した上、パトロールの強化等を行い、更なる禁止者の増加や禁止事項違反の増加を防止するよう努めましょう。

（遠藤　真紀）

〔22〕　公園でYouTubeの撮影をしている事案

公園でYouTubeの撮影をしている集団がおり、広々と場所を占領して撮影しています。何とかやめてもらうことはできませんか。

対応のポイント

・撮影者が許可を得て撮影しているかを確認する。
・許可を得ていない場合、適切な機関に撮影許可申請を行うよう求める。
・苦情が多い場合は、立て看板等により撮影行為を禁止行為として示し、違反した場合に注意を行うとの措置も検討する。

解　　説

1　公園で撮影を行う場合の許可の要否

公園にて撮影する際、いかなる場合にも、撮影許可を要するわけではありません。例えば、家族や友人等との記念写真や風景写真を撮影する場合は、撮影許可申請をすることなく撮影することができます。

しかし、条例等により、撮影目的が営利である場合や、撮影目的が営利・非営利に関わらず、公園の一定の場所を一定の時間、排他的、独占的に使用し撮影するような場合には、許可申請が必要であると定められている自治体が多数あります（横浜市公園条例6など）。

この場合、撮影を行う者は、公園の管理事務所や自治体の窓口に、許可申請を行うことが必要です。

2　公園の禁止事項

(1)　公園に禁止事項を定める場合

条例上の禁止事項として定める場合や、マナーとして控えるよう制限する場合があります（〔21〕参照）。

(2)　YouTubeの撮影を禁止事項とする場合

撮影態様等や他の利用者との関係による禁止事項の定め方にも注意が必要です。例えば、許可申請が必要でないと思われる、家族や友人との記念撮影の延長であるVlog（Video blog：日常風景等を映像等で記録するもの）撮影のような態様の撮影まで包含する定め方をしてしまうと、他の記念撮影との公平性を欠き、トラブルの元となってしまうおそれがあります。他方、他の利用者の肖像権に配慮するよう促す定め方をすることも考えられます。

3　対応方法

本件のような場合、公園の一定の場所を一定の時間、排他的、独占的に使用し撮影するものであるとして、許可申請が必要である公園においては、事前の許可が必要であるといえます。したがって、許可を得て撮影しているか、また、申請書類に記載したとおりの撮影を行っているかを確認し、許可がない場合、又は申請書類の記載とは異なる撮影を行っている場合には、撮影をやめるよう求めることが考えられます。

また、排他的、独占的に広大な場所を占領する撮影が続き、他の利用者からも不満の声が上がる場合は、公園の禁止事項として定め、立て看板等により禁止事項として示した後、本件のような撮影が行われる場合には、撮影を中止する又は撮影態様を変更する旨の注意を行うことが望ましいといえます。

ワンポイントアドバイス

　自治体が相談を受けた場合、撮影者に対し、撮影の概要や他の利用者への影響等を確認しましょう。また、許可を要する撮影と判断した場合、許可の有無を確認し、必要に応じて指導を行うべきです。
　また、苦情が重なり、撮影の制限等を検討する場合、公園の利用状態等も考慮し、必要な範囲での制限を検討することが望ましいといえます。

（遠藤　真紀）

〔23〕　公共施設におけるマスク着用の義務付け事案

　市の図書館では新型コロナウイルス等の感染症予防・対策のためにマスクの着用や手指消毒をお願いしているのですが、ルールを守ってくれない人がおり、他の利用者から何とかしてほしいとの声が出ています。ルールを守らない人の入館を禁止することはできますか。

対応のポイント

・民間業者であれば契約自由の原則があり入店拒否が許される場合があるが、公共施設では広く施設利用を認める必要があるので、単にマスク非着用や手指消毒をしてくれないというだけでは、入館拒否は難しい。
・ただし、職員による対応の中で、対象者が迷惑行為等に及んだような場合には、出入禁止・入館拒否といった対応が可能となる場合がある。

解　説

1　民間事業者の場合

　民間事業者の場合、契約自由の原則（民521）がありますので、法令に特別の定めがある場合を除き、入店させるかどうかや顧客とするかどうかを自由に決められます。例えば、飲食店がドレスコードを設定してルールに違反する服装の人の入店を断ることは行われています。同様に、民間事業者の店舗であれば、例えば店員や利用者に高齢者が多い等の事情を考慮し、店の経営方針としてマスク非着用者の入店をお

断りすることは考えられます。

　ただし、罰則はないものの、様々な自治体で条例等によって住民や
事業者に対して新型コロナウイルス感染症の患者等に対して不当な差
別等を禁止する旨を規定していますし（例えば東京都新型コロナウイルス
感染症対策改正条例（令和3年4月1日施行）14の2①）、新型コロナウイルスに
関するものではありませんが、外国人窃盗団の被害に遭った宝石店が
外国人の立入りを拒否したことを違法とした裁判例（静岡地浜松支判平
11・10・12判時1718・92）や、無料の資料請求を行った外国人に対して外
国籍の者は加盟店契約ができないことを理由に資料送付自体を拒否し
たことが違法とされた裁判例（大阪地判平29・8・25判時2368・23）があり
ますので、不当な差別とならないように注意する必要があります。

　また、民間事業者でも、バスやタクシーは道路運送法13条により、
旅館への宿泊は旅館業法5条により、原則として乗車や宿泊を認めな
ければなりませんので、現在の法制度の下では、マスク非着用だけの
理由では乗車・宿泊拒否は難しいでしょう。令和5年6月14日に公布さ
れた改正旅館業法（同年内施行予定）でも、旅館業の営業者から宿泊
者に対して感染防止に必要な協力を求めたり、特定感染症の症状を呈
する宿泊者等に対しては特定感染症の患者に該当するかどうかの報告
を求めたりできるようになりました（旅館4の2①）が、同法5条では改正
後も当該報告や感染対策への協力等を拒んだことを理由に宿泊を拒否
することは認められていません。

2　図書館等の公共施設の場合

　地方自治法244条では「正当な理由がない限り、住民が公の施設を利
用することを拒んではならない。」「住民が公の施設を利用することに
ついて、不当な差別的取扱いをしてはならない。」と規定しています。
この点に関連し、名古屋高裁令和4年1月27日判決（令3（行コ）52、裁判所

ウェブサイト）においては、図書館に迷惑行為を繰り返した利用者に対する入館禁止処分を違法とした第一審を取り消して適法としたものの、「個々の住民の公立図書館利用権が重要な権利であることは明らかであって、これをみだりに制限することは許されないべきである」と判示しました。

　マスクの着用については、元々法的な義務ではありませんので、ご相談のようなマスク非着用のみを理由とした図書館の入館拒否は許されない可能性があります。

　特に、令和5年3月13日からはマスク着用に関する国の方針も変更となり、同年5月8日からは新型コロナウイルスの感染症法上の位置付けが季節性インフルエンザと同じ「5類」に移行されましたので、マスク非着用のみを理由とした図書館の入館拒否は許されない可能性は一層高まりました。

　ただし、マスクの着用だけでの入館拒否はできないとしても、職員による対応の中で対象者が迷惑行為に及ぶなどし、それにより図書館の管理・運営に重大な支障を生ずるおそれが大きくなるような場合には出入禁止・入館拒否といった対応が可能となる場合はありますので、別途検討されるべきでしょう。

　その場合には、対応した職員の名前や人数、対応時間、相手方の言動（特に迷惑行為や問題行動、主張内容など）を詳細に記録しておくことが大事です。

3　館内の利用ルールの策定や職員による呼び掛けを

　マスクの着用を望まない人がいる一方で、利用者の中には、マスクをしないで咳やくしゃみをする人について、不安・不快に感じる人もいる可能性があります。

　図書館のような公共施設は、老若男女問わず様々な方が利用するこ

とが想定されますので、感染症予防や利用者間でのトラブル防止の観点からも、マスクの着用を義務付けられないまでも、感染症が流行しやすい季節や利用者に高齢者が多いような場合には感染予防のためにマスク着用を呼び掛けたり、館内の利用ルールとして利用者に広く理解を求め、利用者に啓発活動を行っていくことが考えられます。

ワンポイントアドバイス

　例外的な場合ではありますが、職員からの注意をきっかけとして迷惑行為等に及んだ利用者に対しては、施設の管理・運営に重大な支障を生ずるおそれが大きくなるような場合には、入館拒否を行うことが許される場合がありますので、利用者が迷惑行為を行ったような場合には、具体的かつ詳細に記録しておくことが重要です。

（荻野　友輔）

第 4 章

・・・・・・・・・・・・・・・・・・・・・・・・・

ＤＶ・ストーカー・不審者
に関する事案

100

〔24〕　学校のプールに不審者が出現する事案

　小学校でプールの授業が始まり、小学生の子供もプールを楽しみにしています。夏休みに入るとプールの開放もある予定です。しかしプールの授業が始まると、学校のプールに接する道路に不審な男性が現れます。盗撮をしていないか心配です。

┌─ 対応のポイント ──────────────────┐

・警察の生活安全課に相談をする。
・警察官による巡回を強化してもらう。
・カメラで撮影しているなど不審な動きがある場合は、警察官により職務質問を行う。

└──────────────────────────┘

解　説

1　各自治体の迷惑行為防止条例違反

　関係者でない者が許可なく子供らの水着の姿を撮影していた場合、各自治体の迷惑行為防止条例に違反している可能性があります。

　例えば、東京都の「公衆に著しく迷惑をかける暴力的不良行為等の防止に関する条例」は、何人も、正当な理由なく、人を著しく羞恥させ、又は人に不安を覚えさせるような行為であって、人に対し、公共の場所又は公共の乗物において、卑わいな言動をすることを禁じており（同条例5①三）、違反者は6か月以下の懲役又は50万円以下の罰金に処せられます（同条例8①二）。

2　子供の被害防止

　夏は盗撮・痴漢などの性犯罪の発生率が高いです。

　学校の授業ないし夏休みのプールで、子供たちの水着の様子が、撮影されていた場合、子供の心身に計り知れない傷が残ります。

　また、盗撮にとどまらず、痴漢、不審な声掛け、ひいては連れ去りなども起こるのではないかと、子供の親も多大な不安を抱えることになると思います。

3　対　策

(1)　学校での対策

　教職員による見回り強化、防犯カメラの設置、不審者が現れたらすぐに警察に相談といった対応が重要です。

　また、学校からの通信で子供の保護者らに注意喚起をしましょう。

　例えば、警視庁では、「メールけいしちょう」という仕組みで、子供に対する犯罪等の犯罪発生情報を電子メールで配信しています。このような仕組みのある地域においては情報を逐一確認し、夏休みのプール開放の際に立ち会う当番スタッフ・保護者にも共有することが望ましいといえます。

(2)　警察の対応

　相談があった際は、

① 　プールの授業日時、夏休みのプール開放日の時間を確認し、同時間前後に見回り強化

② 　学校の防犯システムを確認し、不備な点があった場合、指導（入場門のロック、防犯カメラの設置等）

③ 　不審人物を発見した際の職務質問（警察官職務執行法2①）

等を、継続的に行うことが必要です。

（森　伸恵）

〔25〕　玄関ドアの鍵穴や呼び鈴に嫌がらせをされる事案

　ある市民の方から、「自宅の玄関ドアの鍵穴に整髪料のようなべたべたするものを注入されたり、呼び鈴を鳴らして逃げられるなどの被害に遭っている」「犯人は分からない」と相談されました。どのように対処すべきでしょうか。

対応のポイント

・いずれも防犯カメラを設置するなどして牽制と証拠の確保を図る。
・鍵穴への嫌がらせについては、状況によっては住居侵入罪に該当するとともに、所有物件の場合は器物損壊罪等に該当し得るが、賃貸物件の場合は軽犯罪法違反に留まる。
・いわゆる「ピンポンダッシュ」については、状況によっては住居侵入罪に該当するとともに、自治体によって迷惑防止条例違反に該当し得る。
・犯人が分かれば、損害賠償請求が考えられる。
・単なるいたずらではなく怨恨等であれば、十分に警戒する。

解　　説

1　自宅への嫌がらせと防犯カメラの設置

　本件の市民の方は、自宅の玄関ドアの鍵穴に整髪料のようなものを注入されたり、呼び鈴を鳴らして逃げられたりしているということで、悪質な嫌がらせを受けているようです。

　このような悪質な嫌がらせを受けている場合には、自宅周辺に防犯カメラを設置することが考えられます。

　場所としては、自宅玄関ドアが写るような位置に設置するのがよいでしょう。

　そして、本件のような悪質な嫌がらせに対しては、被害に遭った場合の証拠確保ももちろんですが、そもそも嫌がらせをやめさせて被害を未然に防ぐことを主な目標とされると思いますので、あえて見せつける形で防犯カメラを設置し、嫌がらせを行っている者を牽制するのがよいと思われます。

2　鍵穴に異物を注入すること

(1)　成立し得る犯罪について（刑事上の問題）

　嫌がらせのうち、玄関ドアの鍵穴に異物を注入されていることについては、まず、犯人が自宅の敷地内に侵入してるのであれば、その敷地が一般の住宅のように塀などで囲われている限り、住居侵入罪（刑130前段）が成立します（最判昭32・4・4刑集11・4・1327）。

　その上で、鍵穴に異物を注入する行為自体についてですが、自宅建物が所有物件の場合は、注入された異物が容易に取り除けるのでなければ、器物損壊罪（刑261）が成立することになります。

　これに対し、自宅建物が賃貸物件の場合は、（オーナーに対する器物損壊罪は成立し得ますが）居住者に対する器物損壊罪は成立しません。居住者に対する犯罪としては、軽犯罪法1条33号等が成立し得るに留まります。

(2)　民事上の問題について

　以上が刑事上の問題となりますが、民事上は、被害者に損害が生じていれば、不法行為（民709）が成立し、犯人に対し損害賠償を請求できることとなります。

3　いわゆるピンポンダッシュについて

(1)　成立し得る犯罪について（刑事上の問題）

嫌がらせのうち、呼び鈴を鳴らして逃げる、いわゆる「ピンポンダッシュ」については、まず、犯人が自宅の敷地内に侵入してるのであれば、鍵穴への異物注入と同じように、その敷地が一般の住宅のように塀などで囲われている限り、住居侵入罪（刑130前段）が成立します。

その上で、ピンポンダッシュ自体についてですが、法律により全国統一的に成立する犯罪はおそらくなく、各地の条例によって犯罪が成立し得るに留まります。例えば、千葉県では、公衆に著しく迷惑をかける暴力的不良行為等の防止に関する条例12条で、「何人も、呼鈴等を利用して、みだりに訪問者を装つて、呼出しをする等の悪戯で、著しく不安又は迷惑を覚えさせるような行為をしてはならない」と定め、同条違反については5万円以下の罰金等（常習の場合は6か月以下の懲役等）を科す（同条例17）として、いわゆるピンポンダッシュを犯罪としています。

なお、被害を受けているのが本件のように自宅ではなく、会社や店舗等の業務を行っている場所であれば、偽計業務妨害罪（刑233）が成立し得ることになります。

(2)　民事上の問題について

以上が刑事上の問題となりますが、民事上は、被害者に損害が生じていれば、不法行為（民709）が成立し、犯人に対し損害賠償を請求できることとなります。

もっとも、単発的なピンポンダッシュによるだけでは損害の発生は観念しにくいと思われます。しかし、頻繁だったり多数回だったり、それが行われる時間帯によっては、慰謝料の支払が認められることがあるでしょう。

4　単なるいたずらではなかった場合

　以上は、嫌がらせの動機が単なるいたずらであることを前提としましたが、その動機が単なるいたずらではなく怨恨等であるならば、犯人側の行動がエスカレートするおそれがありますので、十分に警戒する必要があります。

　もし、少しでも犯人及びその動機が怨恨等であることについて心当たりがあるようであれば、所轄の警察署に相談するとともに、万一のときにはためらわずに110番通報すべきです。

　┌─────────────────┐
　│ ワンポイントアドバイス │
　└─────────────────┘

　　本件のような嫌がらせの被害を受けている方としては、これまで受けた被害についての回復や制裁もさることながら、とにかく嫌がらせをやめさせて今後の被害を防ぎたいと考えることが多いと思われます。

　　そのためには、防犯カメラを目立つように設置することが一番と思われますが、その他にも、玄関ドアに近づくとセンサーによって自動的に点灯するライトを設置したり、両目のイラストが描かれた防犯グッズを貼ったり、警告文を貼ったりすることなども考えられます。いずれも犯人側への心理的効果を狙ったものですが、もし防犯カメラの設置が難しいようであれば、その他に取り得る手段を考え、対応していくことが重要と思われます。

　　なお、ピンポンダッシュ対策としては、インターフォンをモニター付きのものに変えるのが効果的と思われます。

　　また、警察に相談される際には、可能な限り客観的な証拠（防犯カメラ映像や画像、インターフォンモニターの映像や画像、異物が注入された鍵穴の写真等）を提供すべきですが、そのような客観的な証拠がない場合でも、まずは相談をされて、足りない証拠や今後とるべき対処法等のアドバイスをもらうのがよいと思われます。

（木村　裕史）

〔26〕　市民から過剰な好意を寄せられている事案

　私の部下である男性職員が、ある女性市民から過剰な好意を寄せられて困っています。ラブレターを何度も渡されています。その方が窓口に来た際には、他の職員が対応しようとしているのですが、好意を寄せている職員を指名し、他の職員とは話をしようともしません。どうすればよいでしょうか。

対応のポイント

・「お客様は神様」ではない。お客様（市民）平等主義の意識を持つ。
・対応が必要な用件がなければ対応せず、あっても必要最小限度にする（リミットセッティング）。
・複数対応も含め、組織的に対応する。
・行動がエスカレートしないか警戒する。

解　　説

1　お客様（市民）平等主義の意識

　本件では、部下の職員の方が市民から過剰な好意を寄せられて困っているということです。

　前提として、「お客様は神様」ではありません。もちろん、特に民間企業がお客様を大切にするのは当たり前ですが、「お客様は神様」という悪しき「お客様至上主義」に陥ると、迷惑な客、悪質クレーマー、場合によっては犯罪行為に至っている客に対してまで、適切な対応を控えてしまうおそれがあります。

　悪しき「お客様至上主義」ではなく、「お客様平等主義」の意識を持つことが重要です。「お客様平等主義」とは、お客様に対しては平等に接し、特別扱いをしないということです。

　自治体も同様です。むしろ、自治体は税金を財源として法令に基づいて行政サービス等を行う必要がありますので、民間企業以上に「お客様平等主義」「市民平等主義」が求められることになります。

　かかる「市民平等主義」の観点からすると、客観的に不必要な対応を求めてくる迷惑な市民や悪質クレーマーに対して、「お客様（市民様）は神様」という悪しき「市民至上主義」から必要以上に長時間対応するということは、他の市民と比較して特別扱いをしているわけですし、他に行うべき行政サービスを行っていないことになりますので、問題があるということがお分かりかと思います。

　なお、このようなことを強調するのは、多くの自治体職員の皆様が我慢しすぎているように見受けられるためです。「お客様（市民様）は神様」ではありません。必要以上に我慢することはありません。職員の皆様の負担を軽減するためにも、また大多数の善良な市民に適切な行政サービスを提供するためにも、一部の迷惑な市民や悪質クレーマーに対しては、「市民平等主義」の観点から、適切に、毅然と対応していただけたらと思います（「毅然とした対応」の意味については〔48〕をご参照ください。）。

2　リミットセッティング

　当然のことですが、役所は、市民に対する行政サービスの提供という業務を行う場であり、市民が職員とプライベートの話をしに来る場ではありません。

　そのため、市民が来庁した用件がハッキリしない場合には、用件をしっかり確認し、用件がないのであれば対応せず、退庁を促すべきと

いうことになります。

　また、対応が必要な用件がある場合であっても、前述した「市民平等主義」の観点からすれば、必要な限度の時間・労力・態様で対応すべきであり、それ以上の対応はする必要がない、というより対応すべきでないということになります。

　本件では、問題となっている女性市民の来庁の用件については明らかではありませんが、まずはしっかりと来庁の用件を確認すべきです。もし、対応が必要な用件がないのであれば、対応できない旨伝えて、退庁を促すべきです（それでも退庁しなかった場合の対応については、[48]をご参照ください。）。

　対応が必要な用件がある場合には、必要な限度の時間・労力・態様で対応すべきです。その際、あらかじめ対応する時間等を設定し、告げておくことも有用です。

　また、ラブレター等の業務に関係のないものは受領できない旨伝えて、受領を拒否すべきです。

　以上のような、対応する時間等を設定して告げたり、ラブレターは受領できないと告げるなど、こちらが対応できることやその範囲等を設定して告げることを「リミットセッティング」（限界設定）といいますが、頻繁に来庁や連絡等してくる市民等に対しては積極的にリミットセッティングを行うべきでしょう。

3　組織的対応

　また、上記2では、好意を寄せられている職員が直接対応するかのような記載をあえてしましたが、本件のように過剰な好意を寄せられて困っているような場合には、直接対応させるべきではありません。

　悪質クレーム対応の重要なポイントの一つとして、「組織的対応」があります。詳しくは[48]をご参照いただけたらと思いますが、悪質ク

レームに対しては、組織のトップから末端の職員まで、一丸となって
対応すべきということです。

　本件は、典型的な悪質クレームではありませんが、少なくとも要求
の態様は非常識であり、悪質クレームの一種といえます。

　そのため、過剰な好意を寄せられている職員本人に直接対応させる
などして、孤立させてはいけません。周囲はもちろん、必要に応じて
組織全体で職員を守るべきです。

　そして、問題の女性市民が窓口に来た場合等には、他の職員が対応
すべきです。「他の職員とは話をしようともしない」ということです
が、役所は出会いの場ではありません。指名制でもありません。当該
職員でないと対応できないということもないはずですので、「私が対
応させていただきます」と言って他の職員が対応すべきです。このよ
うな対応をとるためにも、事前にこの女性市民が来た場合の担当者（複
数でも可）を決めておいて、「私が担当者ですので私が対応いたします」
と繰り返す（〔49〕参照）のがよいように思います。

　それでも他の職員には話をせずに埒が明かないという場合には、退
庁を促すか、当該職員も同席した上で「担当者は○○（他の職員）で
すので、○○にお話しください」と繰り返すのがよいかと思います。

4　念のための警戒

　以上が基本的にとるべき対応ですが、女性市民の行動がエスカレー
トする危険性も否定できません。

　職員本人はもちろん、周囲から見て少しでも身の危険を感じるよう
であれば、早めに所轄の警察署に相談し、通勤時も含め警戒しておく
べきでしょう。

　そして、万一の場合にはためらわずに110番通報をすべきです。

ワンポイントアドバイス

　解説本文では、本件の女性市民の行為がつきまとい等（ストーカー2①）には至っていないということを前提としました。ストーカー規制法（ストーカー行為等の規制等に関する法律）が適用される場合であれば、ストーカー規制法に基づく対応も考えられます。

　具体的には、警察に警告（同4）や禁止命令（同5）を発出してもらったり、ストーカー規制法違反事件（同18～20）として立件してもらうことが考えられます。

　また、保護対策等の援助（同7参照）を求めることが考えられます。

　いずれにしましても、身の危険を感じるようであれば、早めに所轄の警察署に相談しましょう。

（木村　裕史）

〔27〕　妻からの暴言、暴力に悩んでいる事案

　妻は、機嫌が悪いと、私を平手打ちにしたり、「大した稼ぎもないくせに、飯ばっかり食って、ぶくぶく太って、ふざけんな」などと大声で怒鳴りつけたり、玄関に鍵を掛けて家に入れてくれないこともしばしばです。今日も家の中で暴れていて、家に戻ることができません。

対応のポイント

・男性DV被害の特徴を踏まえ、相談に当たって配慮を行う。
・DV防止法が男性DV被害者をも支援対象としていることを踏まえ、同法による適切な支援機関に引き継ぐ。
・DV防止法に基づく、一時保護など被害者のニーズに即した支援を行う。

解　　説

1　男性のDV被害

　令和2年11月から12月にかけて実施された内閣府男女共同参画局による「男女間における暴力に関する調査」によれば、男性の約5人に1人が配偶者からの暴力被害（DV）を受けた経験を持っています（令和3年3月「男女間における暴力に関する調査報告書」（内閣府男女共同参画局））。

　また、警視庁の統計によれば、令和4年中の、配偶者からの暴力相談等の相談件数は8,389件で、そのうち6,657件（79.4％）が女性からの、1,732件（20.6％）が男性からの相談であった、つまり相談のうち5件に1件は男性からの相談であったということです（令和4年「配偶者からの暴力事案の概況」（警視庁ホームページ））。

　配偶者からの暴力の防止及び被害者の保護を目的として定められた「配偶者からの暴力の防止及び被害者の保護等に関する法律」（以下「ＤＶ防止法」といいます。）は、その1条1項において、「配偶者からの暴力」を「配偶者からの身体に対する暴力（身体に対する不法な攻撃であって生命又は身体に危害を及ぼすものをいう。以下同じ。）又はこれに準ずる心身に有害な影響を及ぼす言動」と定義する一方で、同2項において、「被害者」を「配偶者からの暴力を受けた者」と定義しており、被害者を女性には限定していません。

　ところが、一般的には、男性の方が女性よりも体格や力の面で勝ることが多く、実際に、数としては女性が被害者になるケースの方が多いため、男性側がＤＶ被害を訴えても、なかなか信じてもらえないのが現状です。公的な相談窓口やリーフレットにおいても、女性が被害者となるケースを念頭に作られたものが多く、「女よりも弱い男」、「弱音を吐く男」などと思われるのを嫌って、男性の方が女性よりも被害を訴えづらい立場にあるとする指摘もあります。前述の内閣府の調査においても、暴力被害を受けたことがある者のうち、どこにも相談をしなかった人の割合は、女性が約4割であるのに対し、男性では約6割にも上っています。

　男性からＤＶの相談を受ける場合には、「男性が加害者で女性が被害者」という固定観念に縛られることなく、逆に女性とは異なる男性ＤＶ被害者の立場に配慮しながら、支援を行っていく必要があります。

2　ＤＶとは

　前述のとおり、ＤＶ防止法にいう「配偶者からの暴力」には、「身体に対する暴力」のほか、「これに準ずる心身に有害な影響を及ぼす言動」が含まれます（配偶者暴力1①）。「身体に対する暴力」とは、「身体に対する不法な攻撃であって生命又は身体に危害を及ぼすもの」（同項かっこ書）で、殴る、蹴る、物を投げ付けるといった行為がその一例です。

一方、「これに準ずる心身に有害な影響を及ぼす言動」には、いわゆる精神的暴力又は性的暴力が含まれ、刑法上の脅迫に当たるような言動だけでなく、大声で怒鳴り付けたり、実家や友人と付き合うのを制限したり、電話や手紙を細かくチェックしたりする、何を言っても無視して口をきかない、人の前でバカにしたり、命令するような口調でものを言ったりする、大切にしているものを壊したり、捨てたりするといった行為や、性行為の強要などが含まれます。もっとも、身体に対する暴力に準じる程度のものであることが必要で、心身に対する影響が軽微なものは除かれることになります。

　なお、ここでいう「配偶者」とは、夫婦の一方から見た他方のことで、婚姻届出をしていない「事実婚」の場合を含みます（配偶者暴力1③）。また、生活の本拠を共にする交際相手からの暴力及びその被害者にもＤＶ防止法が準用されます（配偶者暴力28の2）。

3　ＤＶ防止法に基づく支援の概要

　ＤＶ防止法は、配偶者に対する接近禁止命令や退去命令等を命じる「保護命令」の制度のほか、配偶者暴力相談支援センターによる保護についての説明、警察官による被害の防止、警察本部長の援助、福祉事務所による自立支援といった各種支援の体制を整備し、配偶者からの暴力の防止及び被害者の保護を図っています。

　なお、加害者からの暴力から一時的に避難する手段として、一時保護（配偶者暴力3③三・④）があります。多くの自治体では、婦人相談所（2024年4月より、女性相談支援センターに名称変更）がこれを行っていますが、ＤＶ防止法に基づく一時保護は、男性被害者も対象になります。もっとも、婦人相談所は、本来男性を対象とする機関ではないため、厚生労働大臣が定める基準を満たす者に委託して行うことになります（配偶者暴力3④）。

（中村　剛）

〔28〕　市職員を名乗る不審な電話がかかってきた事案

　市の高齢者福祉課の職員を名乗る男から電話があり、「1月に介護保険料の還付についてのお知らせを送ったが届いているか」と聞かれました。「届いていない」と答えると、「3月14日までに手続をしないと、還付を受けられない。再度、書類を送るので住所を教えてもらいたい」とのことでしたので教えたのですが、まだ何の書類も届きません。どうなっているのでしょうか。

対応のポイント

・事実を確認する（市の高齢者福祉課に問い合わせる。）。
・特殊詐欺などの犯罪の予兆電話である可能性を知らせ、注意を喚起する。
・家族や警察に相談するよう勧める。
・必要に応じ、広報する。

解　説

1　詐欺の手口と予兆電話

　市区町村、税務署、年金事務所など、実在する公的機関の職員を名乗って、税金や、医療費、保険料などの過払金の還付を受けられるかのような内容の電話をかけてくる手口での特殊詐欺が横行しています。

　還付金の受取期限が迫っているかのような言動で被害者を焦らせて金融機関のATMに誘導し、被害者が指示どおりにATMの操作を続けると、犯人側に金銭が振り込まれてしまうというケースが典型例です。

　近時は金融機関のATMでは携帯電話で通話をしながら操作を行っている人への声掛けを励行するなど対策が講じられているため、コンビニやショッピングセンター、駅のATMに誘導する例も見られます。

　本件では、ATMへの誘導は行われていないようです。電話をかけてきた者の意図は定かではありませんが、特殊詐欺の犯行グループは、しばしば、犯罪の実行に及ぶのに先立ち、ターゲットを定めるために、相手の住所、氏名、同居人の有無、家族関係などの個人情報や、資産等の情報を探るための電話をかけることがあります。これを「予兆電話」と呼びます（令和4年中の予兆電話の件数は120,444件で、月平均は10,037件（＋1,661件、＋19.8%）と増加しています（警察庁「令和4年における特殊詐欺の認知・検挙状況等について（確定値版）」）。）。

　今回の相談は、被害者の住所を探るための予兆電話であった可能性があります。相談者が、このあと詐欺などの犯罪に巻き込まれるおそれがあるので、注意を要します。

2　個別の注意喚起、家族や警察への相談

　相談を受けた市の職員としては、相談者から、担当者の名前や電話のあった日時など、詳しく話を聴き取り、担当課などにおいて実際に相談者が話しているような電話でのやり取りを行った事実があるのかどうか、確認します。

　そのような事実がないのであれば、相談者にその旨を説明し、当該電話が、特殊詐欺などの予兆電話である可能性があることを伝えて、注意を喚起します。詐欺の犯人は被害者を騙したり、被害者の行為が犯罪に当たるなどと脅したりして、家族や警察に相談できない状況に追い込みます。そこで、まずは、速やかに家族や警察に相談するよう促しましょう。

　また、手慣れた詐欺犯人との会話に乗せられてしまうと、どんなに

注意深い人でも、うっかり騙されてしまいます。不審な電話に「出ない」こと自体が、犯罪に巻き込まれないための重要な対策になります。留守番電話を設定して知らない電話には応答しないこと、詐欺対策機能付きの電話機を使用することなどが考えられます。

3　広　報

　同じような内容の相談が多く寄せられているなど、個別の相談者への注意喚起のみでは不十分とみられる場合には、速やかに、ホームページや、放送、広報車などを利用して、近隣住民への広報を行うべきでしょう。

　広報の内容については、他の自治体や警察機関のホームページなどが参考となります。

ワンポイントアドバイス

　特殊詐欺の被害に遭った高齢者には、家族から責められたり、老後の生活費を失って困窮してしまうなど、精神的に追い詰められている方が少なくありません。

　被害に遭う前に注意を喚起することがとても大切なのですが、被害が生じてしまった場合には、法律家やカウンセラーなどの専門家への相談を勧めるなど、ケアを心掛けましょう。

（中村　　剛）

〔29〕　賃貸マンションに不審な若者が出入りしている 事案

　駅に近い場所にある高級マンションの一室を老夫婦に賃貸したところ、ラフな格好をした若い男性数人がこの部屋に出入りするようになり、隣の部屋の住人から苦情が出ています。賃料は支払われているのですが、老夫婦に電話してもいつも留守でつながりません。どうすればよいでしょうか。

> ### 対応のポイント
>
> ・特殊詐欺などの犯罪の拠点として利用されている可能性を知らせ、注意を喚起する。
> ・警察や弁護士への相談を勧める。
> ・必要に応じ、賃貸借契約の解約を図る。

解　　説

1　特殊詐欺への賃貸物件の悪用

　賃貸不動産が、特殊詐欺のかけ子の拠点や、詐取された現金やキャッシュカードの送付先に悪用される例が多発しています。こうした不動産を確保するために、特殊詐欺グループに名義貸しをした者が検挙される例も少なくありません（「特殊詐欺の男に名義貸し　電通社員を書類送検　大阪府警」（産経WEST、2019年7月24日配信）など）。こうした相手に不動産を貸してしまうと、犯罪を助長することとなるばかりか、物件に対して突如捜査機関の捜索が入ることになったり、対立組織に襲撃されたり、犯罪組織との関係を疑われたり、賃料が急に支払われなく

なり、あるいは残置物をそのままにして連絡がとれなくなる、といっ
た不測の損害に見舞われかねません。

2　注意のポイント、警察への相談

　詐欺犯人に狙われやすい物件の条件として、①駅に近い、②常駐管
理人がいない、③外階段がある、④防犯カメラがない、⑤音漏れがし
にくい構造などが挙げられ、高級分譲マンションが悪用されることさ
えあります。いずれも事件の発覚を免れたり、逃亡の便を求めてのこ
とといわれています。

　詐欺組織の拠点に使われている物件の特徴として、若者が朝の時間
帯に出入りする、出入りの数は少なく平日は泊まり込みをすることも
ある、日中にもカーテンや目張りがされて室内の様子がうかがえなく
なる、出入りする者が不自然に周辺の確認を行っている、といった点
が挙げられます。

　まずは、相談者から、賃貸物件に出入りする者の様子などを聴き取
り、特殊詐欺の拠点に利用されているおそれがあるようなら、速やか
に警察に情報提供、相談を行うよう促しましょう。

3　賃貸関係の解消

　詐欺に利用されているかどうかが判明しない場合にも、賃貸借契約
に定められた禁止条項違反その他の解約理由に該当するケースでは、
賃貸借契約の解消を図ることが可能な場合もあります。例えば、「住
居」としての利用を目的として賃貸された物件に、賃借人が居住せず
に第三者が出入りして使用している場合や、同居人が定められている
にもかかわらず、その人とは別人が居住している等の場合には、用法
違反や、第三者への転貸を理由に解約することがあり得ます。

　不測の事態が生じる前に、弁護士などに相談し、賃貸関係の解消を

検討するべきでしょう。電話がつながらず、郵便物も届かないなど、賃借人本人の行方が分からない場合には、公示送達（民98、民訴110）などの方法を考えることになります。

　賃貸物件に防犯カメラを設置するなど、犯罪に利用されにくい物件づくりの工夫があってもよいかもしれません。

（中村　剛）

第 5 章

差別に関する事案

〔30〕　性別を問わず使えるトイレを設けてほしい事案

　役所、図書館のトイレについて、一見すると男性のような風貌の人物が女性用トイレを使用しています。

　注意しようと思いましたが、もしかしたら性同一性障害の人かもしれないと思い、注意するのは控えました。多目的トイレの使用を勧めるのは問題ないでしょうか。又は自治体として、「だれでもトイレ」を設置した方がよいのでしょうか。

対応のポイント

・自認している性別で社会的生活を送ることは、法律上保護された利益に当たる。
・他の施設利用者の不安感除去という利益との調整を意識する（利益衡量）。
・多目的トイレを設置する。

解　説

1　性別の異なるトイレに立ち入ることの法的問題

　トイレが設置された場所の管理者（役所や図書館の管理者）は、基本的に、男性用トイレには男性のみ、女性用トイレには女性のみが立ち入ることを認めています。そのため、自分の性別と異なったトイレに立ち入ることは、建物の管理者の意思に反してその場所に立ち入ったということになり、建造物侵入罪（刑130前段）に該当する可能性があります。

　また、トイレでの盗撮行為は、法律（性的な姿態を撮影する行為等の処罰及び押収物に記録された性的な姿態の影像に係る電磁的記録の消去等に関する法

律2①一イ）や各都道府県の迷惑行為防止条例に違反する場合がありま
す。また、トイレを覗き見る行為は、軽犯罪法違反となります（軽犯1
二十三）。

　本件のように、男性のような外見の人が女性用トイレを使用してい
るのを見た周囲の人たちは、犯罪が行われるのではないかとの懸念を
抱き、不安を感じることが多いと考えられます。

2　トランスジェンダーの方のトイレ利用

　出生した時に割り当てられた性別と自認している性別とが一致しな
い状態又はその状態にある方を、トランスジェンダーといいます（そ
のために、専門医から性同一性障害と診断を受ける場合もあります。）。

　それでは、トランスジェンダーの方が自身の性自認に沿ったトイレ
を使用することは、法的に認められるのでしょうか。

　近時、経済産業省の職員であるトランスジェンダー女性が、同省か
ら女性用トイレの利用を制限されたこと等が違法であるとして、国家
賠償請求等をした事件について、最高裁は、そうしたトイレの利用制
限は、他の職員に対する配慮を過度に重視し、トランスジェンダーの
職員の不利益を不当に軽視するものであって、妥当でない旨の判断を
しました（最判令5・7・11裁時1819・1）。したがって、トランスジェンダ
ーの方には、自身の性自認に沿ったトイレを使用する法的利益が認め
られる余地があるものといえます。

3　多目的トイレ

　多くの商業施設等では、「多目的トイレ」「だれでもトイレ」などと
いった、性別等を問わずに使用することができるトイレが設置されて
います。

　上に書いたとおり、トランスジェンダーの方には、自身の性自認に
沿ったトイレを使用するニーズが認められます。他方で、上記事案の

ように、男性のような外見の人が女性用トイレに立ち入った場合、それを見た周囲の人が不安等を感じることは避け難いものと考えられ、そのような場合、何らかの混乱やトラブル等が発生することも懸念されます。

　性別を問わないトイレの設置は、そうしたトラブル等を回避するための一つの方法として、有用なものといえます。

　役所や図書館等の公的施設にこうした多目的トイレ等を設置することは、各自治体の予算等の問題もあるため、なかなか難しい場合も多いものと考えられます。しかし、個人を個人として尊重するという理念に基づき、各自治体が対応を進めることが期待されます。

　ただし、多目的トイレがあるからといって、トランスジェンダーの方に、それを使用する義務があるというわけではありません。多目的トイレの利用を勧めるということ自体に問題があるとまではいえませんが、「多目的トイレを利用すべきである」と捉えられるような言い方は避けるべきだと考えられます。

> ### ワンポイントアドバイス
>
> 　役所や図書館などの公的施設に多目的トイレや「だれでもトイレ」を設置することは、予算等の問題から現実は難しいこともあると考えられます。
>
> 　その場合、公的施設への張り紙、ポスター等の掲示物やパンフレット等により、LGBT当事者の方が社会に存在していることを周知・啓蒙していく方法も考えられます。
>
> 　このように周知していくことで、他の施設利用者も、LGBT当事者の方が施設を利用していることもあるということを認識し、トラブルを未然に防ぐことができることがあります。

（森　伸恵）

〔31〕 ヘイトスピーチが行われている事案

　私は中国人で、中国人が多く住む地区でレストランを経営しているのですが、「この国から出ていけ」などといった手紙を送られたり、街頭でチラシを配っているときに、そのようなことを言われたりすることがあります。また、私の店で、中国人が犯罪を計画する相談をしているなどと、インターネット上でデマを流されたこともあります。私の子どもたちが、このようなことを目にしたらと思うと、気が気ではありません。何とかしてもらえないでしょうか。

対応のポイント

・店に関する書き込みの削除要請をする。
・店に関するデマを書き込んだ者を特定する。
・損害賠償や告訴を検討する。

解　説

1　ヘイトスピーチ

　一般に、「ヘイトスピーチ」とは、特定の国の出身者であること又はその子孫であることのみを理由に、日本社会から追い出そうとしたり危害を加えようとしたりするなどの一方的な内容の言動を指します（内閣府「人権擁護に関する世論調査（平成29年10月）」参照）。

　ヘイトスピーチは、特定の個人の権利や利益を侵害するものとは評価できないため、個人で対処することには限界があります。

2　ヘイトスピーチに関する法令

　いわゆる京都朝鮮第一初級学校事件判決（京都地判平25・10・7判時2208・74）や、平成26年8月の人種差別撤廃委員会による勧告等を背景に、ヘイトスピーチの解消は喫緊の課題であるとの認識の下、「本邦外出身者に対する不当な差別的言動の解消に向けた取組の推進に関する法律」（いわゆるヘイトスピーチ解消法）が、平成28年6月3日に施行されました。

　同法により、ヘイトスピーチの解消に向けた国や地方公共団体の責務が明らかとされました。

　ヘイトスピーチ解消法は、「本邦外出身者」に対する「不当な差別的言動は許されない」と宣言していますが、日本国憲法及びあらゆる形態の人種差別の撤廃に関する国際条約の精神に照らし、「本邦外出身者」に対するものであるか否かを問わず、国籍、人種、民族等を理由に、差別意識を助長し又は誘発する目的で行われる排他的言動は全て許されないと解されています。

　もっとも、ヘイトスピーチ解消法には、ヘイトスピーチを行った者に対する罰則が定められていません。

　ヘイトスピーチ解消法を受け、各自治体でヘイトスピーチ解消を目的とする条例が制定されましたが、令和元年12月16日から施行された「川崎市差別のない人権尊重のまちづくり条例」は、人種、国籍、民族、信条、年齢、性別、性的指向、性自認、出身、障害その他の事由を理由とする不当な差別を包括的に禁止した上、勧告や命令にもかかわらず、特に悪質な差別的言動を行った者に対し、刑事罰を科すことを規定しました。ヘイトスピーチに関する刑事罰を置いた初めての法規範です。

3　削除要請等

　ヘイトスピーチ解消法等を受け、主要なウェブサイトでは、ガイドラインにより「本邦外出身者に対する不当な差別的言動」の書き込みが禁止されています。したがって、ヘイトスピーチの書き込みを見つけた場合、ガイドラインにのっとり、書き込みがされたサイト管理者に対し、書き込みを削除するよう要請することができます。

　また、削除に関するアドバイスを総務省の違法・有害情報相談センターに求めることができますし、法務省の人権相談では、自分の代わりに削除要請することを求めることもできます。その他、民間機関として、一般社団法人セーファーインターネット協会の誹謗中傷ホットラインにも自分の代わりに削除要請をしてほしいと相談することができます。

　その他、ヘイトスピーチ解消に関する条例を制定している自治体がありますので、各自治体に書き込みの削除等を求めることができます。例えば、川崎市の場合、川崎市の区域内で行われたインターネット表現活動であって、その内容が「本邦外出身者に対する不当な差別的言動」に該当する場合には、削除要請を求めることができます。

4　特定人に対する書き込み

　「私の店で、中国人が犯罪を計画する相談をしている」などといった書き込みは、当該店舗の社会的評価を低下させるものであり、名誉毀損に当たります。

　そこで、書き込みを行った者に対し、慰謝料の請求や、今後同種の書き込みをしない旨の約束（誹謗中傷禁止）、その他の迷惑行為もしない旨の約束（迷惑行為禁止）を求めていくことができます（民709・710・723）。

　もし、誰が書き込みを行ったのか不明な場合は、プロバイダ責任制

限法（特定電気通信役務提供者の損害賠償責任の制限及び発信者情報の開示に関する法律）に基づく発信者情報開示請求手続により、書き込みを行った者の特定を行います（詳しくは〔33〕を参照してください。）。

　また、この書き込みは名誉毀損罪（刑230①）や信用毀損罪（刑233）に該当する可能性もあります。そこで、投稿者への刑事処罰を求め、まずは警察署に相談に行き、被害申告をし、その後告訴をする対応も考えられます。

　なお、警察への被害相談は、書き込みをした者が不明の場合でも可能です。投稿内容が被害者の人格を辛辣に否定するもので悪質、投稿が継続的に行われている、犯罪予告等の書き込みもあるといった、被害が大きいケースでは、捜査機関が書き込みをした者を特定する捜査を行うことがあります。この場合、結果として相談者は、独自に発信者情報開示請求手続により書き込みを行った者の特定を要しないこともあり得ます。

（森　伸恵）

〔32〕　賃貸住宅に多数の外国人が出入りしている事案

　駅から離れた単身者向けの賃貸アパートの一室を外国人に貸したところ、賃借人の友人、知人と見られる外国人が大勢出入りするようになり、近隣から騒音などの苦情が絶えません。ここのところ、アパートの近くで田畑が荒らされ、収穫前の野菜や果物が盗まれる被害が多発しており、これらが外国人によるものだという噂もあって心配です。アパートが、不良外国人のたまり場になってしまうと困ります。契約を解消したいのですがどうすればよいでしょうか。

対応のポイント

・相手が外国人であることや、近隣で発生した窃盗事件に関与した噂があることを理由に、アパートの賃貸借契約を解除することはできない。
・騒音などの迷惑行為については、賃貸借契約上の義務違反を理由に、契約を解除できる場合があるが、相手の居住の利益を不当に奪うことのないよう、十分な理由と証拠が必要となる。

解　　説

1　我が国の国際化と外国人差別

　令和3年における刑法犯検挙人員総数（17万5,041人）に占める外国人（9,404人）の比率は5.4％であったとされています（令和4年版犯罪白書（法務省））。風習や習慣等の違いから、近隣の住民とのトラブルに発

展する例も少なからず見受けられるほか、外国人犯罪組織による窃盗事件などが大きく報道に取り上げられることもあり、不安に感じる向きもあるかもしれません。

　しかし、出入国在留管理庁の発表によれば、令和4年末の在留外国人の数は307万5,213人であり、前年末と比較して11.4％の増加となりました。長期的に見れば我が国に居住する外国人の数は今後とも増えていくものと見られています。国際社会による我が国への信頼を確保するためには、外国人差別は決して許されるものではなく、在留外国人との共生が強く求められる時代になっています。

　これまで、外国人であることを理由とする差別的取扱いが訴訟で争われた事案として、①賃貸マンションへの入居拒否（大阪地判平5・6・18判タ844・183）、②宝石店への入店拒否（静岡地浜松支判平11・10・12判タ1045・216）、③公衆浴場における入場拒否（札幌地判平14・11・11判タ1150・185）、④スナックへの入店拒否（東京地判平16・9・16（平15（ワ）14386））などがあり、これらの訴訟においては不法行為の成立が認められ、一定額の損害賠償が命じられています。

　上記の事案の中には、過去に外国人との取引でトラブルが生じたことなどを理由に不合理な差別には当たらない旨の主張がされたものもありますが、こうした主張は認められませんでした。

　相談の事案でも、賃借人が外国人であること、近隣で外国人犯罪が多発していることなどを理由に、契約関係を解消することはできず、逆にそのようなことを申し出れば、不法行為として損害賠償義務を命じられる可能性があります。

2　契約違反を理由とする解約

　もっとも、相談の事案では、単身者向けの賃貸物件に複数人が居住

しているかのようにも見受けられるほか、近隣から、騒音などの迷惑行為に関する苦情が寄せられているようです。賃貸借契約において、単身での利用が条項に定められている場合や、騒音など迷惑行為を行うことを禁止する条項が定められている場合には、賃借人が外国人であるか否かにかかわらず、こうした条項に違反したことを理由に、契約の解除が認められる可能性があります。

　もっとも、賃貸人による賃貸借契約の解除は、弱い立場にある賃借人の居住の利益を奪う効果があるため、これが認められるためには、賃貸借当事者間の信頼関係を破壊するような重大な契約違反があることが求められます（最判昭41・4・21民集20・4・720ほか）。

　重大な契約違反があると認められるだけの、十分な理由とそれを立証するための十分な証拠が収集されている必要があります。弁護士などの専門家と事前に相談するのが有意義でしょう。

（中村　　剛）

〔33〕　インターネット上に差別的な書き込みがされた事案

　私が、SNSに投稿した内容に反対する人たちから、「ガイジ」とか「気狂い」などといった差別的な表現による投稿をされ、とても傷つきました。書いた人たちに慰謝料の支払を求めるなどしたいのですが、書いたのが誰なのか分かりません。

対応のポイント

・投稿が名誉毀損や侮辱に当たっていないか検討する。

・投稿を証拠として保存する。

・発信者情報開示請求手続により投稿者（発信者）の特定を行う。

・被害届の提出、刑事告訴を行う。

・投稿者に対し、民事上の慰謝料請求を行う。

解　　説

1　名誉毀損や侮辱に当たらないか

　具体的事実を摘示して、特定人の社会的評価を低下させる行為は、人格権に属する名誉を侵害する不法行為（名誉毀損）に当たります。

　もっとも、その表現行為が、公共の利害に関する事実に係り、かつ、その目的が専ら公益を図ることにあった場合に、摘示された事実がその重要な部分について真実であることの証明があったとき（真実性）には、違法性がなく、仮に右事実が真実であることの証明がないとき

にも、行為者において右事実を真実と信ずるについて相当の理由（真実相当性）があれば、その故意又は過失は否定され、不法行為は成立しません。

【名誉毀損の要件】

①　公然と－不特定又は多数の者が直接に認識できる状態

②　事実を摘示して－具体的な事実内容を示したこと

　　例：あの人は、窃盗で逮捕されたことがある。

　　　　職場の○○部長は部下と不倫をしている。

③　人の名誉を毀損したこと－社会的評価を下げたこと

【名誉毀損について違法性がない場合】

①　公共性があり

②　公益を図る目的で

③　真実性又は真実相当性があること

　次に、具体的事実が摘示されていなくとも、名誉感情が害されることがあります。名誉感情とは、自己の人格的価値について有する主観的な評価とされており、法的保護に値すると考えられています。名誉感情を侵害する不法行為は、一般に侮辱といわれています。

　そして、侮辱に当たるかは、社会通念上許される受忍限度を超えて名誉感情を侵害する行為であるか否かで判断されます。

【侮辱の要件】

①　事実を摘示せずに

②　公然と

③　人を侮辱した場合－社会通念上許される受忍限度を超えて名誉感情を侵害する行為であること

2　プライバシー侵害に当たらないか

　私生活をみだりに公開されないという法的権利を、プライバシー権といいます。プライバシーについては、①公開された内容が私生活上の事実又は私生活上の事実らしく受け取られるおそれのある事柄であること、②一般人の感受性を基準にして当該私人の立場に立った場合公開を欲しないであろうと認められる事柄で一般の人々にいまだ知られていない事柄であること、③このような公開によって当該私人が実際に不快、不安の念を覚えたことの要件を満たしている場合に、プライバシー侵害に当たります。

【プライバシー侵害の要件】

①　私生活上の秘密

②　これまで公開されていなかった

③　公開されて被害者が不快、不安に感じた

　例えば、相談者の住所や携帯番号も書き込まれた場合は、プライバシー侵害に当たることがあります。

3　ご相談の検討

　ネット上で「ガイジ」と投稿されていますが、裁判例は、「（ガイジは）精神障害・知的障害そのものや精神障害・知的障害を有する者を差別的に呼称したり、見るに堪えない振る舞いをするような者を精神障害・知的障害を有する者に例えて揶揄したりする際に用いられることのあるもの」で、「侮辱行為として名誉感情を侵害するもの」と判示しています（東京地判令4・2・28（令2(ワ)26406））。

　よって、相談者は、名誉感情を侵害されたとして、投稿した者に対し、慰謝料を請求していくことができます。

　名誉毀損罪、侮辱罪に当たるとして、警察署に被害相談・刑事告訴していくこともできます。

4　発信者情報の開示

さて、投稿者（犯人）に対し、慰謝料を請求したくても、犯人がどこの誰か分からないと請求ができません。

そこで、発信者情報開示請求手続により、投稿者の氏名・住所・電話番号等（以下「発信者情報」といいます。）を調査する必要があります。

発信者情報の開示手続を定めたのが、「特定電気通信役務提供者の損害賠償責任の制限及び発信者情報の開示に関する法律」（プロバイダ責任制限法）です。

まず、SNS事業者（コンテンツプロバイダ）に対し、IPアドレスの開示請求（非訟手続）を行います。この際、該当の投稿をスクリーンショットしたものが、投稿者の権利が侵害されたことを証明するためと、投稿時（又はログイン時）のIPアドレスを特定するための証拠として重要になりますので、必ず保存をしておいてください。また、保存する際は、当該投稿の①日時、②投稿内容、③URLが必ず表示されているようにしましょう。

その後、SNS事業者がIPアドレスを開示してくれます。このIPアドレスにより、投稿者が使用したであろう通信事業者（アクセスプロバイダ）が分かります。

SNS事業者は上記裁判手続内で通信事業者に対し連絡をしてくれますので、その後、請求者は通信事業者に対し、IPアドレスを含むログの保存（消去禁止）を求めます。

その後、裁判所から通信事業者への開示命令により、通信事業者が発信者情報を開示してくれます。

これにより、投稿者の氏名・住所を把握することができます。

ワンポイントアドバイス

　プロバイダ責任制限法は、平成13年に成立しましたが、改正を繰り返し、直近では令和3年に大幅な改正がありました。改正の主要部分は、令和4年10月1日に施行されています。

　従前、コンテンツプロバイダ（電子掲示板管理者、SNS事業者等）とアクセスプロバイダ（通信事業者等）との二者を相手方とする2段階の手続を経なければならなかったのですが、直近の改正では、この弊害をクリアするため、開示命令手続を創設しました（もちろん、改正後も、発信者情報開示仮処分及び発信者情報開示請求訴訟の利用は可能であり、紛争性の高い事案については、これら手続の利用が想定されています。）。

　また、コンテンツプロバイダが、投稿時IPアドレスを保存していなければ発信者を特定できないという弊害をクリアするため、ログイン時情報を「特定発信者情報」として開示請求の対象とする改正をしています。

（従前の手続）

①　コンテンツプロバイダに対し、IPアドレスの開示請求を行う。IPアドレスの開示によりアクセスプロバイダを特定する。

↓

②　アクセスプロバイダに対し、ログの消去禁止請求を行う。

↓

③　アクセスプロバイダに対し、発信者情報（氏名・住所等）の開示請求を行う。

↓

④　アクセスプロバイダから発信者情報が開示される。

（改正後の開示命令手続）

①　非訟手続により、コンテンツプロバイダに対し、IPアドレスの開示請求を行う。

↓

② コンテンツプロバイダが、請求者及びアクセスプロバイダに対し、IPアドレスを提供する。

↓

③ アクセスプロバイダに対し、ログの消去禁止請求を行う。

↓

④ アクセスプロバイダから発信者情報が開示される。

（森　伸恵）

〔34〕　職業差別（医療従事者）の事案

　私は看護師です。そのため、私にも家族にも何の症状もないにもかかわらず、新型コロナに感染しているかもしれないとして、保育園から子どもの預かりを拒否されました。このまま応じないといけないのでしょうか。また、保育園で新型コロナの感染が見つかった時には、何の根拠もなく、ウェブ上の保護者掲示板に、私の子どもが原因であるかのような書き込みがされました。何かできませんか。

対応のポイント

・保育園に子どもの受入れを求める。
・職業差別に該当していないか調査する。
・掲示板に投稿した者を調査する。
・名誉毀損に基づく慰謝料請求を行う。

解　説

1　登園拒否の根拠

　児童生徒等が新型コロナに感染した場合などの出席停止については、学校保健安全法19条や同法施行規則18条2項等で定められています。

　ただし、これらの法令は、幼稚園には適用されますが、保育園（以下「保育所」といいます。）には適用されません（学校保健安全法2①、学校教育法1以下）（ただし、幼保連携型認定こども園には適用されます（就学前の子どもに関する教育、保育等の総合的な提供の推進に関する法律27）。）。

各保育所は、こうした法令に準じた基準を設けて、それに従った運用により、登園停止の措置をとっています。

　保育所に保育されている乳幼児（以下「園児」といいます。）本人が感染した場合や、その家族等が感染したなど、園児本人が感染した疑いがある場合に、登園停止とすることは、上記の法令に準じた取扱いであって、合理性があるものといえます。

　しかし、園児の家族が看護師であるという理由だけで登園を拒否することは、法令に準じた取扱いではなく、合理性があるものとはいえません。

　したがって、園児の家族が看護師であるという理由だけで登園を拒否することは、不当な差別というほかなく、保育所がこうした理由で登園を拒否することはできないと考えられます。

　仮に、保育所との契約で、こうした理由により登園拒否をすることができると定められていたとしても（そのようなことは通常ありませんが）、そうした定めは、不当な差別的取扱いをする内容のものであるため、公序良俗に反する無効なものであると考えられます（民90）。したがって、こうした定めがあったとしても、やはり登園を拒否することはできないと考えられます。

　登園を拒否する保育所に対しては、理由がないことを伝え、拒否を撤回するよう求めることになります。

2　風評被害

　多数の人又は不特定の人が認識できるような状態で、ある人の社会的評価を低下させるような事実を摘示した場合、名誉毀損となる可能性があります。ただし、摘示された事実が真実であった、あるいは、相当な根拠があったなどの要件が満たされる場合、名誉毀損とはなり

ません（詳しくは〔33〕をご参照ください。）。

　ウェブ上の保護者掲示板は、保護者や保育所関係者のみが閲覧することができるものであったとしても、多くの人が閲覧することができます。したがって、保護者掲示板に、人の社会的評価を低下させるような事実を書き込んだ場合、名誉毀損と評価され、民事上の不法行為にも当たるため、書き込みをされた被害者は、書き込んだ人に対して、慰謝料を請求することができます（民709・710）。

　上記事案で書き込まれた内容は、お子さんが原因となって保育所でコロナの感染が発生したというものですので、人の社会的評価を低下させるものといえます。また、何の根拠もないということであれば、真実であるとも、相当な根拠があったともいえないということになります。したがって、名誉毀損となる可能性があります。

3　新型インフルエンザ等対策特別措置法13条

　新型インフルエンザ等対策特別措置法13条は、国や地方公共団体が、コロナや新型インフルエンザ等の患者や医療従事者、これらの者の家族等の人権が尊重され、差別的取扱い等を受けることのないようにするため、差別的取扱い等の実態の把握や相談支援、コロナ等に関する情報の収集・分析や、啓発活動を行うと定めています。

　また、同条2項は、こうした差別的取扱い等の具体例として、①コロナ等の患者や医療従事者であることを理由とする不当な差別的取扱いや、②こうした人たちの名誉又は信用を毀損する行為を挙げています。

　こうした法律の規定からも、上記事案のように、医療従事者であることを理由として不当な差別的取扱いをしたり、名誉を毀損したりする行為は、決して許されないものといえます。

ワンポイントアドバイス

　児童生徒等が新型コロナに感染した場合などの出席停止に関し、学校保健安全法や同法施行規則等が適用される「学校」について、学校教育法1条が定義規定を置いています。

　そこでは、「学校」とは、幼稚園、小学校、中学校、義務教育学校、高等学校、中等教育学校、特別支援学校、大学及び高等専門学校とすると規定されています。これらの学校に通っている者が、保護者が従事している職業を理由に、事例と似たような出席停止を受けた場合、同法令を基に、解説と同様、出席停止の措置を取ることに合理性があるか考えていくことになります。

（森　伸恵）

第 6 章

動物・ペットに関する事案

144

〔35〕　道路上での鳩や野良猫への餌やりの事案

　近隣住民が、道路上で鳩や野良猫に対して餌やりをしているのを見かけます。この人が定期的に餌やりをするため、特定の場所に鳩も猫も集まってきてしまいます。街の景観を乱すだけでなくふん尿被害も発生しています。何とかやめてもらうことはできませんか。

　　対応のポイント

　・動物愛護法における「命令」が出されているか確認する。
　・給餌を制限する条例の有無と罰則の有無を確認する。
　・条例違反の事実が存在することを確認し証拠に残す。

　　解　　説

1　はじめに

　公共の場において、鳩や猫に給餌を行ってしまうと、ふん尿による悪臭の問題を引き起こして住民間のトラブルの原因となってしまうほか、飼育放棄された猫やその子孫が野良猫となって増え殺処分をしなくてはならなくなります。そこで、野良動物への無責任な給餌は制限する必要があります。

2　動物愛護法

　動物への餌やりについては、動物愛護法に規定があります。
　動物愛護法25条1項は、周辺の生活環境の保全等に係る措置として、

「都道府県知事は、動物の飼養、保管又は給餌若しくは給水に起因した騒音又は悪臭の発生、動物の毛の飛散、多数の昆虫の発生等によって周辺の生活環境が損なわれている事態として環境省令で定める事態が生じていると認めるときは、当該事態を生じさせている者に対し、必要な指導又は助言をすることができる。」と規定しています。

　さらに、同条2項は「都道府県知事は、前項の環境省令で定める事態が生じていると認めるときは、当該事態を生じさせている者に対し、期限を定めて、その事態を除去するために必要な措置をとるべきことを勧告することができる。」と規定し、同条3項では「都道府県知事は、前項の規定による勧告を受けた者がその勧告に係る措置をとらなかった場合において、特に必要があると認めるときは、その者に対し、期限を定めて、その勧告に係る措置をとるべきことを命ずることができる。」としています。

　そして、この命令に違反した場合には、「50万円以下の罰金」に処せられます（動物愛護46の2）。

　なお、動物愛護法25条1項における「周辺の生活環境が損なわれている事態として環境省令で定める事態」とは、①動物の飼養、保管又は給餌若しくは給水に伴い頻繁に発生する動物の鳴き声その他の音、②動物の飼養、保管又は給餌若しくは給水に伴う飼料の残さ又は動物のふん尿その他の汚物の不適切な処理又は放置により発生する臭気、③動物の飼養施設の敷地外に飛散する動物の毛又は羽毛、④動物の飼養、保管又は給餌若しくは給水により発生する多数のねずみ、はえ、蚊、のみその他の衛生動物に該当するものが、周辺地域の住民の日常生活に著しい支障を及ぼしていると認められる場合で、かつ、当該支障が、複数の周辺住民からの都道府県知事に対する苦情の申出等により、周辺住民の間で共通の認識となっていると認められる事態及び周辺住民の日常生活に特に著しい支障を及ぼしているものとして特別の事情が

あると認められる事態とすることを意味するとされています（動物愛
護則12）。

3　餌やり禁止条例

　各地方自治体は、地域の特性に応じて、給餌の制限をする条例を定
めています。条例は各地方公共団体が独自に制定しています。その結
果、条例の名も「動物愛護管理条例」、「ハト・カラスへの給餌による
被害防止条例」など様々であり、内容も千差万別です。例えば、自己
の所有する猫以外に給餌することを禁止していないかもしれません。
違反行為があったとしても、罰則が設けられている場合も罰則が設け
られていない場合もあることに注意が必要です。

4　和歌山県の例

　「和歌山県動物の愛護及び管理に関する条例」は、野良猫への対策
や罰則に関して、踏み込んだ規定を置いています（平成29年4月1日施
行の改正）。
　例えば、自己の所有する猫以外の猫（いわゆる野良猫）に対して、
継続的又は反復して給餌等を行う者の遵守事項として、あらかじめ給
餌等を行う場所の周辺住民への説明に努めること、生殖することがで
きない猫（幼齢の猫や不妊去勢手術をし施術済であることを示す措置
をした猫）のみに給餌等を行うこと、給餌等は時間を決めて行い、そ
の場を汚したり、餌を放置したりしないこと、排せつ場（トイレ）を
設置し、トイレのふん尿を適正に処理することなどの規定を設けてい
ます（同条例14①②）。そして、これらの遵守事項に違反した者に対して、
知事は勧告し、勧告に係る措置をとらない者に対して、知事は、特に
必要がある場合には命令し、その命令に違反した者は、5万円以下の過
料に処する（同条例23①②・26④）と定めています。

　また、地域猫対策の実施計画の認定制度（同条例15）として、地域猫対策を行う者は、知事からその計画の認定を受けることができるとし、地域猫対策の計画の認定を受けた者には、不妊去勢手術などの支援がなされるとされています（和歌山県ホームページ「猫の問題を減らしたい〜地域猫対策とその支援」）。

5　対応方法

(1)　動物愛護法違反の場合

　動物愛護法違反が疑われる場合、都道府県知事に対し、動物愛護法25条3項の定める命令が出されているかを確認し、命令が出されている場合には、警察に報告すべきです。

(2)　条例違反の場合

　給餌に関する条例の有無を調査し、禁止事項は何か、違反行為に罰則があるかを確認した上で、禁止事項に該当する事実があるかを調査すべきです。

　調査の結果、条例違反行為があると思われた場合は、写真を撮るなどして証拠に残すとともに、行為者の行為習性（何時にどこに出没するのかなど）も確認しておくことが重要です。

　その上で、条例を定めた地方自治体に連絡して対応を求めるべきでしょう。

（中村　英示）

〔36〕　公園での池へのカメの放流の事案

　近所の公園に大きな池があるのですが、先日、自分で飼えなく
なったのか、大きくなったカメを池に放している人を見かけまし
た。最近飼えなくなったペットを勝手に放す人が問題となって
いますが、問題ないのでしょうか。

┌─ 対応のポイント ─┐

・放流されたカメの種類によっては外来生物法に違反する可
　能性がある上、目撃証言などから人に危害が及ぶおそれの
　生物が放流された可能性があるならば、管理者としては、
　公園利用者への注意喚起や場合によれば池に近づかないよ
　うな措置、更には池の水を抜いての捜索等の対応も考えら
　れる。
・再発防止策としては、立て看板の設置や放流が違法である
　ことの周知徹底、警察や自治体職員による定期的な公園池
　付近の見回り等が考えられる。

解　説

1　外来生物法及び動物愛護法の改正

　外来生物法は、人の生命身体や農作物、従来の生態系に大きな影響
を与える可能性のある外来生物（特定外来生物）の飼育や放流を規制
しています。
　特定外来生物を許可なく飼養等した個人は、販売又は頒布をする目
的であれば3年以下の懲役若しくは300万円以下の罰金、愛玩目的（ペ

ット目的）であれば1年以下の懲役若しくは100万円以下の罰金又はその両方が科せられます（外来生物32一・33一）。また、特定外来生物を許可なく野外に放った個人は、ペットとして飼っていた場合であっても、3年以下の懲役若しくは300万円以下の罰金又はその両方が科せられます（外来生物32三）。

　なお、外来生物法が令和4年5月に改正され、令和5年6月1日より、これまでペットとして日本全国で広く飼育されてきたアメリカザリガニとアカミミガメ（ミドリガメの名称で広く知られます。）が条件付特定外来生物として指定されました（外来生物令別表1）。当該指定により、捕獲、飼育、無償譲渡は引き続き認められますが、許可なしに輸入、販売、購入、頒布、野外への放出も禁止されます（適切な飼育を行わなかったために当該生物が逃げ出した場合でも違法となります。）（外来生物令附則2）。

　また、令和元年に動物愛護法が改正され、令和2年6月1日より、人の生命、身体又は財産に害を加えるおそれがある動物として政令で定める動物（特定動物）に当たる場合には無許可でのペット目的等での飼育が禁止されました（動物愛護25条の2）（同法では一度許可を受けて飼育した特定動物の放出・放流についての禁止規定はありませんが、44条3項の「遺棄」に当たるとして1年以下の懲役又は100万円以下の罰金に処せられる可能性があります（平26・12・12環自総発1412121参照）。）。違反した個人は、6か月以下の懲役又は100万円以下の罰金に処せられる可能性があります（動物愛護45一）。

　ご相談にある放流されたカメの種類は不明ですが、特定外来生物に当たるカミツキガメや、特定動物とされるワニガメ（カミツキガメの仲間）である場合には、放流した人は、外来生物法又は動物愛護法違反の罪に問われる可能性があります。

2　目撃されたカメの特徴によっては管理者として対応を

　噛む力が強く獰猛な性質を有するカミツキガメやワニガメに代表されるように、特定外来生物や特定動物は人の生命や身体に被害を及ぼす可能性がある生物です。

　公園の池ということであれば、老若男女・不特定多数の人が日々近くを行き交うことが予想されますので、公園利用者が陸に上がってきた危険なカメに危険性を知らずに近づいて噛まれてしまうなどの被害が発生するおそれもあります。目撃情報によるカメの特徴や大きさなどから利用者への被害が懸念される場合、管理者（自治体ないし管理事務所等）としては、立て看板をして利用者に危険性を告知したり、利用者が池に近づかないようにロープを張ったり、池の大きさ等によっては池の水を抜いて捜索を行ったりすることも検討されます。

　目撃報告が多数管理者に寄せられ、特徴や大きさから利用者へ危険が及ぶおそれのある生物が放流されたことを認識できたにもかかわらず、漫然と放置して被害が発生した場合、管理者として法的責任を問われる可能性も否定できませんので注意が必要です。

　なお、最近の類似ケースとして、令和2年8月15日に東京都足立区の公園で、本件相談と同様の目撃情報に基づいた池の捜索がなされたとの報道がなされました。

3　再発防止について

　再発防止策としては、特定の生き物の放流が法律上禁止され、違反すると罰則が科される可能性があることを告知した立て看板の設置やアナウンスの実施のほか、警察官又は自治体職員による定期的な公園池付近の見回りといった方策が考えられます。立て看板やアナウンスによる周知を行う場合、目撃した場合の連絡先も告知するとよいでしょう。

　また、不法放流が繰り返される場合、管理者として、池周辺に防犯カメラを設置するということも考えられます。

```
ワンポイントアドバイス
```

　告知・周知する目撃情報の連絡先としては、公園管理事務所や自治体の管轄部署といった管理者宛の連絡が考えられますが、夜間に現行犯を目撃しているような状況であれば110番通報を推奨することも検討されます。

　また、単に啓蒙活動を行うだけで具体的な対策を行わないと、インターネットなどを通じて、「あの公園の池は放して大丈夫」などと情報が広がり、ペットの飼育に困った人が遠くから放しに来ることも考えられます。

　予防策としての防犯カメラの設置は、生物の不法放流対策としてだけで考えると大げさにも思え、予算上の問題も生じるかもしれませんが、人通りが少なくなる夜間の防犯対策も兼ねることを考えますと、大局的に見れば一考の価値はあると思われます。

（荻野　友輔）

〔37〕　公園で鳩に毒入りの餌を与えている事案

　公園で鳩やすずめに米を与えている人がいます。その人が鳩に餌を与えるようになった後、公園で鳩やすずめの死骸が見つかるようになりました。その人が餌として与えている米に毒が入っていると噂されています。何とかやめてもらうことはできませんか。

┌─ 対応のポイント ─┐

・行為者が出没する日時を調査する。
・行為者が鳩等に与えている米がどこにあるか確認する。
・鳩やすずめの死骸がいつどの辺りに残っているか確認する。
・毒入りが疑われる場合には、警察に相談して、捜査してもらう。
・鳩の死骸の処理は、自治体に相談する。

解　説

1　鳥獣保護法違反（危険猟法の禁止など）

　鳥獣保護法は、同法8条各号の定める場合を除くほか、鳥類又は哺乳類に属する野生動物（以下「鳥獣」といいます。）及び鳥類の卵を捕獲等（捕獲又は殺傷をいいます。）（鳥獣保護2⑦）又は採取等（採取又は損傷をいいます。）してはならないと定めています（鳥獣保護8）。

　また、上記例外の場合でも、原則として、爆発物、劇薬、毒薬を使用する猟法その他環境省令で定める猟法（以下「危険猟法」といいま

す。）により鳥獣の捕獲等をしてはならないと定めています（鳥獣保護36）。

　劇薬や毒薬を含んだ餌を与えて公園に生息する鳩やすずめを捕獲等する方法は、少なくとも上記の危険猟法には当たるため、原則として禁止されます。

　これに違反した場合は、1年以下の懲役又は100万円以下の罰金に処せられます（鳥獣保護83①四）。

2　鳩の死骸の危険性

　鳩の死骸には病原菌をはじめ多くの危険性があります。

　鳩にはもともと病原菌や寄生虫が付着しており、不用意に触ってしまうことで触った人にそれらが移ってしまうかもしれません。鳩は、鳥インフルエンザ、オウム病クラミジア、トキソプラズマ、サルモネラ菌などを保菌している可能性があります。また、寄生虫としてはダニやノミが付いている可能性もあります。

　特に、周辺に5羽以上の死骸を見つけた場合、鳥インフルエンザなどの病気で死んだ可能性を疑うべきです。死骸に素手で触れたりすることは避けることはもちろん、不用意に近づくことも避けるべきです。

　鳩の死骸には、死骸を放置することで生じる危険もあります。それは放置した死骸に動物や虫が寄ってくることです。動物や虫が死骸に集まると、死骸に付着している病原菌が広範囲に広がる危険性もあります。したがって、これらの危険を早く取り除くべく、対応すべきです。

3　対応方法

(1)　鳥獣保護法違反（刑事責任）について

　近時は、鳥獣保護法違反のような「環境犯罪」に対して、警察も取

締りを強化しています。鳥獣保護法違反行為が疑われる場合、まずは、最寄りの警察署や交番、又は警視庁総合相談センターに相談・通報してください。担当は、公園を管轄する警察の生活安全課です。

　警察に相談に行く場合、行為者が鳩等に与えている米が公園のどの辺にあるか、鳩やすずめの死骸がいつどの辺りに残っているか、行為者が出没する日時に傾向はあるのかを調査しておいて、警察に対して、具体的な情報の提供ができると理想的です。

　(2)　死骸の処分について

　公園に放置されている鳩の死骸を処分する場合、連絡先は、お住まいの地域を担当している保健所、環境事業所、へい獣（動物の死体）受付センターです。連絡先が分からないという方は、インターネットから確認することができます。

　なお、保健所、環境事業所、へい獣（動物の死体）受付センターは、ご自宅の庭など、私有地の敷地内に立ち入っての回収はしていません。ご自宅の庭など、私有地の敷地内で死骸を発見した場合には、専門の死骸処理業者に処理を依頼するのがよいでしょう。

　(3)　その他

　行為者が、逮捕・勾留されたり、裁判により刑事責任が追及されたような場合、行為者は勤務先において就業規則に基づいて懲戒処分を受ける可能性もあります。

　また、行為者の勤務先が判明しているときには、行為者の勤務先の公益通報制度を利用することも検討に値します。

　　　　　　　　　　　　　　　　　　　　　　（中村　英示）

〔38〕 ペットの鳴き声、悪臭の事案

　隣の家の住民が庭に犬小屋を建てて飼っている犬が昼夜を問わず鳴いています。犬小屋の近くを人が通ったり、車が通ったりするだけでその犬は吠えるだけでなく、他の犬が散歩で近くに来た時は、それこそけたたましく吠えるのでストレスが溜まっています。風向きによっては、悪臭もするときもあり、困っています。

　隣の家の方に直接、苦情を伝えたものの聞き入れてくれる様子はありません。

対応のポイント

・動物愛護法に基づく都道府県知事の命令が出ているか確認する。
・民法上の動物占有者等の損害賠償責任を請求できる場合がある。
・飼い主に直接伝える。
・公害苦情相談窓口などを利用する。
・慰謝料請求をする場合の注意点（録音など）

解　　説

1　動物愛護法違反

（1）　動物愛護法の規定

　動物愛護法には、動物の所有者又は占有者の責務等が規定されています。

　動物愛護法7条1項は、「動物の所有者又は占有者は、命あるものであ

る動物の所有者又は占有者として動物の愛護及び管理に関する責任を十分に自覚して、その動物をその種類、習性等に応じて適正に飼養し、又は保管することにより、動物の健康及び安全を保持するように努めるとともに、動物が人の生命、身体若しくは財産に害を加え、生活環境の保全上の支障を生じさせ、又は人に迷惑を及ぼすことのないように努めなければならない。」と規定しています。

　これを受けて、環境省は告示において、犬の飼養及び保管に関する基準を定めています。同告示は、「犬の所有者等は、頻繁な鳴き声等の騒音又はふん尿の放置等により周辺地域の住民の日常生活に著しい支障を及ぼすことのないように努めること。」としています（家庭動物等の飼養及び保管に関する基準第4の3）。

　つまり、飼い主は、飼っているペットがあまりにも激しく鳴くことで周辺住民に対する騒音被害が発生しないように努力する義務を負っているのです。

(2)　動物愛護法違反の場合

　このような飼い主の義務を前提に、更にペットが原因で騒音や悪臭が発生したり、動物の毛の飛散があったり、多数の昆虫の発生等によって周辺の生活環境が損なわれているような場合、都道府県知事は、当該事態を生じさせている者に対し、必要な指導又は助言をすることができます（動物愛護25①）。そして、同勧告を受けた者が同勧告に係る措置をとらなかった場合、特に必要があると認めるときは、都道府県知事は、その者に対し、期限を定めて、その勧告に係る措置をとるべきことを命ずることができます（動物愛護25③）。勧告が出されているにもかかわらず、飼い主がその命令に違反した者は、50万円以下の罰金に処せられます（動物愛護46の2）。

2　民法上の動物占有者等の損害賠償責任

(1)　原　則

民法は、動物の占有者等の責任について、「動物の占有者は、その動物が他人に加えた損害を賠償する責任を負う。」と規定しています（民718本文）。

したがって、飼っている犬の鳴き声などによって、周辺住民に精神的損害を与えた場合、飼い主は周辺住民に対して損害を賠償する義務を負います。

(2)　例　外

民法718条1項には「ただし、動物の種類及び性質に従い相当の注意をもってその管理をしたときは、この限りでない。」との規定があります。飼い主は、ペットの管理について過失がないことを証明すれば、責任を負いません。しかし、実際には、ペットの鳴き声が騒音化している場合、飼い主が適切な場所で適切な方法で動物を飼育・管理していないと認められることが多いと思われます。

3　対応方法

(1)　飼い主に直接伝える

最初の対応方法は、飼い主に直接、苦情を伝えることです。飼い主に対して、近隣住民としての合理的な意見を伝え、飼育方法の見直し（家の中で飼うなど）をしてくれることに期待しましょう。

もし、単独で苦情を伝えることが不安な場合や、単独で意見を伝えても飼い主が理解を示してくれないような場合、他の近隣住民らと連携して、飼い主に対して要望を伝えることも効果的な手段と思われます。

(2)　公害苦情相談窓口など

飼い主に直接、苦情を伝えても飼育方法の見直しをしてくれない場

合、まずは、最寄りの区市町村等の公害担当課に相談してください。

　公害苦情相談員などの職員が相談に応じ、現地調査を行ったり、関係機関と連絡を取ったり、発生源に対する指導・助言等を行ったりして迅速に苦情を処理します。また、相談は無料です。

　これらの区や市の公害苦情相談窓口へ苦情を申し立てた後、相当の期間が経過して、なお解決の見通しが立たないか、第三者の仲介があれば話合いが進展すると思われる場合、都道府県の公害審査会が、中立公正な立場から調停などを行い、話合いにより紛争の解決に努めます。

　(3)　慰謝料請求について

　飼い主に直接、苦情を伝えても飼育方法の見直しをしてくれず、更に精神的苦痛を受けている場合、訴訟手続において飼い主に対して損害賠償請求をすることが考えられます。

　損害賠償請求が認められるかどうかはいわゆる受忍限度論の議論になります。

　飼い主に対する慰謝料請求が認められた下級審裁判例としては、①シェパードやマルチーズが異常な鳴き声で鳴き続け、周辺住民を神経衰弱状態や失神などに至らしめた事案において、飼い主が昼間不在がちであり、ペットが飼い主と運動する機会がほとんどないことなどの事実を認定し、飼い主の保管義務違反を認め、一人当たり30万円の慰謝料請求を認容したもの（横浜地判昭61・2・18判タ585・93）や②賃貸建物の賃借人が、同じ建物に住む賃貸人が中庭で飼うシェパードの鳴き声がうるさく、更に糞の悪臭が発生していることを理由に、賃貸人に対して慰謝料を請求した事案において、賃貸人と賃借人が長年の付き合いであることなどを理由に、賃借人側の受忍限度を広く解すべきとしつつ、賃貸人の行為は受忍限度を超える違法なものと認定し、一方で、賃借人側の報復行為などが認められることや、賃貸人が既に犬を手放

し、今後中庭で犬を飼育しないことを制約していることなどを考慮して、一人当たり10万円の慰謝料支払を命じた判例（京都地判平3・1・24判タ769・197）などがあります。

　(4)　慰謝料額を判断する際の考慮要素について

　ペットの騒音を理由とする損害賠償請求の事案において、慰謝料額を左右する要素は、飼い主と被害者の間の物理的距離や鳴き声の態様（音量、頻度、時間帯）、ペットの飼い主が騒音対策として措置を講じているかどうか（飼う場所を移動したかなど）が考慮される傾向にあります。

　これらの事実を記録に残しておくことが重要です。また、音量を計測する際は、計量器（騒音計）を使用して証明をすることが肝要です（計量16①参照）。また、騒音計で音量を測定するのと同時に、ビデオカメラで録画・録音して、音自体を記録することが効果的です。

（中村　英示）

〔39〕　リードを付けないで犬を散歩させる事案

近所に住んでいる人が、飼っている大型犬を、縄など何も付けずに道路上で散歩させています。私は犬が苦手なので、以前やんわりとどうして何も付けないのか聞いてみたのですが、その方は「よく訓練しているからリードは不要」等とおっしゃり、引き縄を付けるつもりは全くないようです。事故が起きたら怖いのですが、何とかならないでしょうか。

対応のポイント

・ノーリードで犬を散歩させることは、原則として違法である。
・ただ、直接注意をするのが難しい場合、注意をしても改善しない場合は、行政に相談することにならざるを得ないと思われる。

解　　説

1　法律による規制

動物愛護法は、「動物の所有者又は占有者は、命あるものである動物の所有者又は占有者として動物の愛護及び管理に関する責任を十分に自覚して、その動物をその種類、習性等に応じて適正に飼養し、又は保管することにより、動物の健康及び安全を保持するように努めるとともに、動物が人の生命、身体若しくは財産に害を加え、生活環境の保全上の支障を生じさせ、又は人に迷惑を及ぼすことのないように努めなければならない。この場合において、その飼養し、又は保管する

動物について第7項の基準が定められたときは、動物の飼養及び保管については、当該基準によるものとする。」と定めています（動物愛護7①）。そして、この基準として「家庭動物等の飼養及び保管に関する基準」（平成14年環境省告示37号。最終改正：令和4年環境省告示54号）が定められており、同基準の第4の1は「犬の所有者等は、さく等で囲まれた自己の所有地、屋内その他の人の生命、身体及び財産に危害を加え、並びに人に迷惑を及ぼすことのない場所において飼養及び保管する場合を除き、<u>犬の放し飼いを行わないこと</u>。ただし、次の場合であって、適正なしつけ及び訓練がなされており、人の生命、身体及び財産に危害を加え、人に迷惑を及ぼし、自然環境保全上の問題を生じさせるおそれがない場合はこの限りではない（以下略）」（下線部は筆者）と定めており、また、同基準第4の5は、「犬の所有者等は、犬を道路等屋外で運動させる場合には、次の事項を遵守するよう努めること。

　(1)　<u>犬を制御できる者が原則として引き運動により行うこと</u>。
　(2)　犬の突発的な行動に対応できるよう引綱の点検及び調節等に
　　　配慮すること。
　（以下略)」（下線部は筆者）とも定めています。

　そうすると、法律上は、原則として犬の放し飼いや屋外でのノーリード（引き縄を使わないこと）での散歩は違法ということになります。

2　条例による規制

　また、動物の愛護及び管理に関する法律は、地方公共団体は条例で必要な措置を講ずることができることとしており（動物愛護9）、それを受けて、地方公共団体は条例を設けていることがあります（条例の制定状況等については、環境省のウェブサイトに「動物愛護管理行政事務提要」という記事があり、その中でまとめられています。）。例えば、東京都動物の愛護及び管理に関する条例9条1号は、「犬を逸走させな

いため、犬をさく、おりその他囲いの中で、又は人の生命若しくは身体に危害を加えるおそれのない場所において固定した物に綱若しくは鎖で確実につないで、飼養又は保管をすること。ただし、次のイからニまでのいずれかに該当する場合は、この限りでない。

　イ　警察犬、盲導犬等をその目的のために使用する場合

　ロ　犬を制御できる者が、人の生命、身体及び財産に対する侵害のおそれのない場所並びに方法で犬を訓練する場合

　ハ　犬を制御できる者が、犬を綱、鎖等で確実に保持して、移動させ、又は運動させる場合

　ニ　その他逸走又は人の生命、身体及び財産に対する侵害のおそれのない場合で、東京都規則（以下「規則」という。）で定めるとき。」

（下線部は筆者）と定め、ノーリードでの散歩を禁止しています（違反した場合は拘留又は科料（同条例40条1号））。

　このように、ノーリードでの散歩は、法律に違反しますし、条例により罰則が定められていることもあります。

3　事故による刑事責任や民事責任

　また、ノーリードで散歩している犬が急に走り出すことで、それにより歩行者が転倒するなどして、第三者に損害が生じることがあり得ます。

　犬を故意にけしかけて人に傷害を負わせたら傷害罪（刑204）が成立しますが、そうでなく、飼い主の過失により飼い犬が人に傷害を負わせたとしても過失傷害罪（刑209①）が成立します。重大な過失により飼い犬が人に傷害を負わせたのであれば重過失致死傷罪（刑211後段）が成立します。

　このように、飼い犬による傷害だから飼い主は一切刑事責任を負わない、ということにはなりません。

　また、動物の占有者は、その動物が他人に加えた損害を賠償する責任を負います（民718①本文）。動物の種類及び性質に従い相当の注意をもってその管理をしたときは、この限りでない（民718①ただし書）とされますが、免責が認められることは多くないと思われます。なお、占有者に代わって動物を管理する者も、この責任を負うとされます（民718②）。

　例えば、ランニング中の者が、散歩中に飼い主が持っていたリードが放れ、単独で進行して前方に現れた犬を避けようと転倒し、負傷した場合に、ランニング中の者には1割の過失があるとしつつ、飼い主に対する損害賠償請求として1,280万円余りの支払が命じられた裁判例（大阪地判平30・3・23判タ1451・184）等もあります。

4　対　応

　このように、本件の飼い主の行為は違法ですし、万が一それにより事故が起きた場合には賠償義務を負うことになる可能性が高いことになるほか、刑事責任が生じることもあります。周囲の方としては、ノーリードでの散歩はやめてもらいたいと考えるのも当然でしょう。

　もっとも、飼い主に対し、上記の法律や、条例がある場合には条例を指摘しつつ是正を促しても、飼い主は飼い犬のことを過度に信頼しているなどの事情からか、それには応じないこともあり得ると思われます。

　そのような場合、特に条例があるときには、条例を制定した地方公共団体に対して相談し、当該地方公共団体から何らかの対応を促すこともあり得るでしょう。

　　　　　　　　　　　　　　　　　　　　　　　　（古屋　丈順）

〔40〕　ペット同士の喧嘩の事案

　私が飼い犬を散歩させていたところ、隣家の方も犬を散歩させていたので路上で少し立ち話をしていたところ、急に私の飼い犬が相手の飼い犬と喧嘩になり、私の飼い犬が相手の飼い犬を噛んで傷害を負わせてしまいました。どうしたらよいでしょうか。

┌─ 対応のポイント ─

・現場の状況を確認し、獣医師の診察を受ける。
・不法行為が認められるかどうかについては、免責事由の有無も問題となる。
・賠償すべき損害額については、事案に即して治療関係費や通院交通費、慰謝料等が考えられること、具体的に賠償すべき額については、被害者の過失も考慮され得ること（過失相殺）に留意する。
・故意による事案でなければ、刑事責任は問題にならない。
・話合いがまとまらないときは、調停や訴訟手続を利用することも考える。
・このような事故に備え、対応できる個人賠償責任保険に加入しておくことが望ましい。

解　説

1　犬による咬傷事故について

　犬による咬傷事故は、環境省の統計によれば、令和3年度は、全国で4,423件発生しています。咬傷事故の多くは人が被害者となっている

のですが、人以外が死亡した例は15件報告されています。また、人以外が傷害を負った例は266件報告されています（環境省「動物愛護管理行政事務提要」（令和4年度版）3(1)犬による咬傷事故状況）。

2　不法行為による損害賠償請求

(1)　動物占有者責任

動物の占有者は、その動物が他人に加えた損害を賠償する責任を負います（民718①本文）。ただし、動物の種類及び性質に従い相当の注意をもってその管理をしたときは、責任を負いません（民718①ただし書）。なお、占有者に代わって動物を管理する者も、この責任を負います（民718②）。

本件の場合、「動物の種類及び性質に従い相当の注意をもってその管理をした」というような事情が認められなければ、損害賠償義務を負うことになります。ここにいう「相当の注意」とは通常払うべき程度の注意義務を意味し、異常な事態に対処し得べき程度の注意義務まで課したものでないと解すべきとされますが（最判昭37・2・1民集16・2・143）、近時の裁判例では免責を容易に認めない傾向にあるという指摘もあります（もっとも東京地判令3・5・14（平31(ワ)7966）は、被告の1人については免責を認めています。）。

(2)　損害について

損害の内容としては、治療関係費や慰謝料等が考えられます。

裁判で問題になった損害としては、休業損害が認められるかが問題になった例があります。具体的には、傷害を負った犬を動物病院に通院させ、自宅で介護をするため仕事を休んだとしてこれによる損害を賠償すべきかということが問題になりましたが、裁判所は通院させることにより仕事を休まざるを得なかった部分の逸失利益は賠償すべき損害と認めたものの、自宅での介護により仕事を休まざるを得なかっ

たので逸失利益を賠償すべきとの主張は認めませんでした（東京地判平19・2・16（平18（レ）237・平18（レ）435））。ただし、これは事案に即した判断ですので、治療のために自宅での介護が必要と認められるのであれば、それも賠償すべき損害として認められる可能性があると思われます（もっともそのような状況であればそもそも入院が選択されるようにも思われます。）。

　また、本件とは離れますが、飼い猫が飼い犬にかみ殺された事案で、猫の飼い主が犬の飼い主に動物占有者責任に基づく慰謝料の支払を求めたが、飼い猫は特定の飼育者によって長年飼育された老齢・雑種の飼い猫であり市場での流通性がないため市場価値がないとも思われるという場合、それでも財産的価値が皆無とはいえず、猫の飼い主が家族同然に扱っていた飼い猫が目前で噛み殺されるという事実関係からすれば、精神的苦痛は甚大であるとして、慰謝料20万円の支払を認めるのが相当とされた事例もあります（大阪地判平21・2・12判時2054・104）。

　(3)　過失相殺について

　被害者にも過失があった場合は、裁判所は、これを考慮して、損害賠償の額を定めることができます（民722②）。これを過失相殺といいます。

　過失相殺が認められるかは事案によりますが、ペット同士の喧嘩による損害賠償請求事案では何らかの過失相殺が認められることが多いように思われます。

3　刑事責任について

　なお、動物は、法律上は物とされるため、加害者が故意で傷つけた、あるいは殺した場合には器物損壊等（刑261）が成立するほか、動物の愛護及び管理に関する法律44条1項又は2項の成立が問題になることが

あり得ます。しかし、故意が認められない場合には刑事責任は問題と
なりません。

4　本件への対応

　不幸にもこのような事故が発生した場合には、損害をはっきりさせ、
いたずらに拡大させないためにも、まずは獣医師の診察を受け、傷害
の治療をするべきでしょう。

　その上で、まずは話合いによる解決を目指すことになると思われま
すが、特に慰謝料や過失割合については当事者間で争いが生じやすい
と思われます。当事者間で話合いをして解決しない場合には、裁判所
の調停や訴訟手続などを利用して解決することも十分に考えられると
思われます。

5　個人賠償責任保険について

　このような事故が発生した場合、想定外の高額な損害が発生するこ
とも十分に考えられます。適切な賠償をすることができるよう、ペッ
トを飼育するのであればそれによる事故に対応した個人賠償責任保険
にも加入しておくことが望ましいと思われます。

（古屋　丈順）

第 7 章

ゴミに関する事案

〔41〕　廃家電の不法投棄事案

　うちの町内のゴミ置き場には、もうかなりの期間、誰かが捨てた家庭用冷蔵庫が置きっぱなしになっています。大きいので普通ゴミを置く場所を圧迫していますし、同じように不要になった家電製品を捨てて行く人が出てきても困るのですが、どうすればよいでしょうか。

対応のポイント

・まずは自治体や警察に連絡する。

・不法投棄者が特定できない場合、処分費用は原則として管理者負担になるが、自治体によっては自治体の負担で処分したり処分のための補助金制度を設けたりしているところもある。

・再発防止のためには、監視カメラの設置や警告啓発看板の設置、住民・自治体職員・警察による巡回や協力体制の構築といった対策が考えられる。

解　　説

1　廃家電処分に関する法規制

　家電製品のうち、エアコン、テレビ（ブラウン管式、液晶、プラズマ）、電気冷蔵庫及び電気冷凍庫、電気洗濯機及び衣類乾燥機の4品目は、特定家庭用機器再商品化法（以下「家電リサイクル法」といいます。）によって処分方法（購入元に引き取ってもらう等）が決められており、一般家庭ゴミや他の粗大ゴミと同じ方法では回収してもらえま

せん。

　家電リサイクル法に個人が違反した場合でも罰則はありません。しかし、家電製品を含む粗大ゴミは廃棄物の処理及び清掃に関する法律（以下「廃棄物処理法」といいます。）上の「廃棄物」（廃棄物2①）に当たり、「何人も、みだりに廃棄物を捨ててはならない」（廃棄物16）とされています。違反した場合には、5年以下の懲役もしくは1,000万円以下の罰金又はその両方（併科）が科せられます（廃棄物25①十四）。

　また、廃棄物処理法5条2項では、努力義務ではありますが、土地の所有者又は占有者、管理者における不法投棄の通報義務が規定されています。

2　自治体と警察への連絡

　前記1のとおり管理者における不法投棄の通報義務もありますので、まずは最寄りの自治体に連絡しましょう。

　不法投棄された家電の撤去義務は不法投棄した本人にあり、その撤去処分にかかる費用も本来不法投棄者が負担すべきものですが、不法投棄者がどこの誰か分からない場合には請求ができず、結果として管理者で負担せざるを得ないことが多いのが現状です。町内のゴミ捨て場ということであれば、町内会や自治会で管理していると思われますので、町内会や自治会で処分費用を負担せざるを得なくなります。

　もっとも、自治体によっては自治体の負担で回収してくれるケースもあります（岐阜県中津川市など）し、自治会が負担した処分費用相当を自治体が援助してくれる制度を作っている自治体もあります（山口県山口市の特定家庭用機器廃棄物処理費用交付制度）ので、自治体の担当課にそのような制度があるか、確認してみるとよいでしょう。

　また、粗大ゴミの不法投棄については、残念ながら、現行犯や防犯カメラ映像などの証拠がある場合を除いては検挙が難しく、また民事

事件と刑事事件の境目の判断も難しいため、警察に相談したからといって必ずしも対応してくれるとは限りません。そのため、過度な期待は禁物ですが、その後同様のことが起きた場合に、警察の対応が変わってくる可能性がありますので、警察への相談と必要に応じて被害届の提出をしておくとよいでしょう。

　仮に刑事事件とするのが相当と判断され、警察の捜査により不法投棄者（加害者）が特定できれば、撤去処分自体を請求したり、撤去処分した費用を請求したりできる可能性が出てきます。

3　警察による対応

　粗大ゴミの不法投棄は上記のとおり廃棄物処理法違反に当たりますが、相談のような単発的なケースだと単にルールを知らないで捨ててしまった可能性も考えられるため、民事事件の域を出ないとしてすぐに捜査を開始するのは難しいかもしれません。しかしながら、町内ゴミ捨て場は公道横に設置されているケースも少なくないことから、当該粗大ゴミや押し出された家庭ゴミが交通の妨げになっていないかや事件性の有無などを確認するため、一度は現地を確認しておく必要があります。

　また、その後も同様の不法投棄が繰り返されたり大量に投棄されたりするようになるなど悪質化した場合や危険な物が投棄されるような場合には、捜査を要すると思われます。

　なお、粗大ゴミの例ではありませんが、奈良県内の駐車場に約140キロの水槽のガラスなどを捨てたとして令和2年2月に男性が実際に逮捕されるに至った例があります。

4　地域を挙げての再発防止策

　今回の廃棄物を処分した後も、再発を防止するため、住民・自治体・

警察で連携して対応していくことが重要です。

　例えば、ゴミ捨て場に、不法投棄は犯罪であり発見した場合には警察と連携して厳しく対応する旨の警告文や、不法投棄を見かけた場合にはすぐに警察に通報することを呼び掛けるポスターを設置する方法や、住民・自治体職員・警察が協力して定期的な見回りを行う方法が考えられます。大型家電は人力での運搬が難しい上、知り合いに見られることを避けるために自宅の近所を避けて遠くまで捨てに行くような場合には軽トラックなどの車両の利用が不可欠になりますので、見回り中の人や周辺住民が目撃したような場合には、車種やナンバーを記憶・記録した上で警察に通報すると、犯人特定の大きな手掛かりになります。

　また、費用はかかってしまいますが、ゴミ捨て場への監視カメラの設置と監視中である旨を告知する看板の設置も、抑止力及び証拠保全の手段として有効です。地域として治安衛生の向上にもつながりますので、自治体として監視カメラ等設置のための補助金制度を創設することも考えられます。

　なお、環境省が発表している統計データ（環境省環境再生・資源循環局総務課リサイクル推進室「令和3年度廃家電の不法投棄等の状況について」令和5年3月30日）によれば、令和3年度において、全国で不法投棄未然防止策を採っていると回答した自治体1,604のうち、その対策方法としては、ポスター・チラシ・看板等による普及啓発を行っているとの回答が91.1%、職員又は委託業者による巡回監視・パトロールをしているとの回答が76.3%、監視カメラ等の設置をしているとの回答が39.2%、住民や郵便局・警察当局等の他機関と連携した監視通報体制の構築をしているとの回答が27.9%、ネット・フェンス等による物理的な対策をしているとの回答が11.7%とされています。

ワンポイントアドバイス

　既に捨てられている冷蔵庫の処分をどうするかという点と、今後同じような不法投棄が生じないようにどうすべきかという点の両面から検討・対応していく必要があります。

　不法投棄問題は、放置すると同様のことが繰り返されてしまい、周辺の公衆衛生や治安悪化、当該自治体のイメージダウンにつながるおそれもあります。近隣住民だけの問題と捉えず、所管する警察や自治体として対応し、住民・自治体・警察が一体となって「不法投棄は絶対に許さない」という強い姿勢を地域全体で示すことが重要です。

（荻野　友輔）

〔42〕 ルールを破って捨てられたゴミが回収されない事案

　自宅前の道路脇にある地域のゴミ置き場に、自治体の有料回収シールが貼られていない粗大ゴミが大量に置かれていて、長い間、回収されないまま放置されています。毎日それを目にするので憂鬱です。回収してもらえないでしょうか。

┌─ 対応のポイント ─┐

・粗大ゴミが捨てられているのが、公道上なのか、私有地上なのかを確認し、ゴミを処理すべき責任が誰にあるのかを判断する。
・相談者には、不法投棄を発見した場合の通報先を教示する。
・悪質な事案では、警察と協力し、犯人の訴追を目指す。

解　説

1　ゴミの処理に関する責任の所在

　土地上に投棄されたゴミについては、当該土地の占有者や管理者が処理をするのが基本です。私有地に捨てられたゴミについては当該私有地の占有者や管理者、あるいは空地の所有者がこれを処理することとなり（廃棄物5①、各自治体における廃棄物処理関連条例等）、ゴミを捨てた者が特定できない場合には、処理にかかった費用を負担せざるを得なくなります。他方で、国や自治体の管理する道路や公園に放棄されたゴミについては、これを管理する者が税金を用いて処理することとなります。

　ゴミを私有地に投棄された住民の側では、ゴミ処理費用を自らが負担することへの抵抗が強いものと思われますが、ゴミを不法投棄されないよう、鍵付きのゴミ収集庫、柵や看板、防犯カメラを設置するなど、不法投棄がされにくい環境を整えざるを得ないこととなります。

2　通報先の教示

　廃棄物の処理及び清掃に関する法律（以下「廃棄物処理法」といいます。）5条2項は、「土地の所有者又は占有者は、その所有し、又は占有し、若しくは管理する土地において、他の者によって不適正に処理された廃棄物と認められるものを発見したときは、速やかに、その旨を都道府県知事又は市町村長に通報するように努めなければならない。」と定めています。

　投棄されたゴミが、一般廃棄物の場合は市（区）役所又は町村役場に、産業廃棄物の場合は都道府県又は政令市の保健所に通報すべきものとされています（環境省「よくある質問（Q＆A集）　廃棄物・リサイクル対策」）。廃棄物処理法によると、「事業活動に伴って生じた廃棄物のうち、燃え殻、汚泥、廃油、廃酸、廃アルカリ、廃プラスチック類その他政令で定める廃棄物」（廃棄物2④一）及び「輸入された廃棄物並びに本邦に入国する者が携帯する廃棄物」（廃棄物2④二）が産業廃棄物、それ以外の廃棄物が一般廃棄物（廃棄物2②）と定義されています。とはいえ、一般市民には、一般廃棄物と産業廃棄物との区別はなかなか難しいので、判別がつかない場合には、自治体や環境省の不法投棄ホットラインへの相談を促すことになります。

3　不法投棄と犯罪

　廃棄物処理法16条は、「何人も、みだりに廃棄物を捨ててはならない」旨を定めた上で、その違反について、「5年以下の懲役若しくは1,000万

円以下の罰金に処し、又はこれを併科する」との罰則（廃棄物25①十四）を設けています。

　これらの条文に、産業廃棄物か一般廃棄物かの区別は設けられていませんから、そのいずれであっても、これをみだりに捨てることは違法になり、罰則の対象になります。なお、ここにいう、「みだりに」について、最高裁は、「生活環境の保全及び公衆衛生の向上を図るという法の趣旨に照らし、社会的に許容される生活環境の保全及び公衆衛生の向上を図るという法の趣旨に照らし、社会的に許容されるもの」かどうかを踏まえて判断しています（最決平18・2・20刑集60・2・182）。

　ゴミ出しルールに違反しての一般廃棄物の投棄の全てが、ここにいう「みだりに」捨てたものといえるわけではありません。ただ、本件のように、道路脇のゴミ置き場に大量の粗大ゴミを自治体の収集シールを貼らずに捨てていくような行為は、周辺住民の生活環境を大きく悪化させるもので、社会的に許容される余地は認められません。したがって、廃棄物処理法16条及び25条1項14号に違反する犯罪として、被害を届け出て、あるいは告発を行うなどして、犯人の訴追を目指すことも考えられるでしょう。

（中村　　剛）

〔43〕　ゴミ出しルールを守れなくなった高齢者の事案

　お隣に独りで住んでいる高齢のおばあさんが、回収日以外の日にゴミを出すことが増えてきたため、それとなく注意をしたところ、認知症が進んでいるのか、話が全くかみ合いませんでした。お宅の玄関前にはたくさんのゴミが放置されている様子であり、心配です。かわいそうなので何とかしてあげてください。

対応のポイント

・認知症の症状などのために、ゴミ出しに困難を抱える人が増えている。

・地方公共団体の多くは、高齢者などに対するゴミ出し支援の制度を設けており、こうした制度を利用することでゴミ出しの困難を解消できる場合がある。

・ゴミ出しに困難を抱える人自身が、こうした制度の利用を申し込むのが難しい場合もある。親族やケアマネジャーによる代理申請や成年後見制度の利用により、申請手続の援助を行う。

解　説

1　ゴミの処理に関する責任の所在

　認知症は、脳の病気や障害など様々な原因により、認知機能が低下し、日常生活全般に支障が出る状態をいいます。認知症には、アルツハイマー型認知症、レビー小体型認知症、前頭側頭型認知症など、いくつかの種類があります。

　認知症の症状には、記憶障害、見当識の障害、理解力や判断力の低下、身の回りのことができなくなる、といったものがあり、その結果、ゴミ回収ルールその他を守れず、ゴミ出しが困難になることがあります。

　厚生労働省によれば、日本における65歳以上の認知症の人の数は2020年現在で約600万人と推計されており、2025年には約700万人（高齢者の約5人に1人）が認知症になると予測されています（厚生労働省「認知症施策推進総合戦略（新オレンジプラン）」）。認知症は誰もが罹り得る病気です。認知症になっても、自立的に日常生活を過ごせるよう、配慮が必要となります。

2　自治体によるごみ出し支援制度の導入

　高齢化社会や核家族化が進展し、高齢者のみの世帯が増加している我が国では、高齢者など日々のごみ出しに困難を抱える住民のためのごみ出し支援制度が導入されている自治体も多くあります。

　環境省の調査によれば、令和3年1月現在で、34.8％の地方公共団体に高齢者ごみ出し支援制度の導入がされたとのことであり、その後もこうした取組は広がっています（環境省「高齢者ごみ出し支援制度導入の手引き」）。

　既に運用されている支援制度は、大きく4つのタイプに分けられ、①地方公共団体が運営主体となり、地方公共団体職員が、利用者宅の玄関先等から家庭ごみを戸別収集する「直営直接支援型」、②地方公共団体から委託された事業者が、利用者宅の玄関先等から家庭ごみを戸別収集する「委託直接支援型」、③地方公共団体が、ごみ出し支援活動を行う自治会やNPO等の地域の支援団体に対して補助金等で支援する「コミュニティ支援型」、④地方公共団体の福祉部局が、福祉サービス

の一環として、高齢者世帯のごみ出し支援を行う「福祉サービス一環型」があります。

　なお、これらの制度を利用できる者の範囲については、年齢、世帯構成、要支援・要介護認定・障がい者認定の有無など、地方公共団体ごとに様々です。

　本件においても、相談の対象とされた高齢者が、こうしたゴミ出し支援サービスを受けることで、ゴミ出しに関する困難を解消できる可能性があります。

3　利用申請に当たっての援助の必要性

　もっとも、判断能力の低下などが理由でゴミ出しが困難になっている住民にとっては、そもそも、こうした制度の申請を自ら行うこと自体が困難であるケースが多いものと思われます。自治体によっては、親族やケアマネジャーによる代理申請を認めており、かかる方法で必要な手続を援助することができます。一方、親族がいないなど、代理申請が困難なケースでは、民法上の成年後見制度（後見、保佐、補助）を活用することで、後見人等による法律上の手続代理が可能になります。後見開始などの各審判や、保佐人、補助人への代理権付与の審判については、検察官の職権請求が認められているため（民7・11・15・876の4・876の9）、親族がいない場合にはその職権発動を促すことが考えられます。また、65歳以上の者（65歳未満の者で特に必要があると認められるものを含みます。）、知的障害者、精神障害者について、その福祉を図るために特に必要があると認めるときは、市町村長が後見開始の審判等の請求をすることも可能とされています（老福32、知的障害28、精神福祉51の11の2）。

　本人が自らサービスの利用申請を行うのが困難な事例においては、

自治体は、まず、支援を要する人の親族やケアマネジャーなどの関係者との連絡を図り、代理申請などの方法を探るほか、こうした関係者がいない場合には、成年後見人などを選任し、本人が代理人によって必要なサービスの利用申請ができるよう取り計らうべきでしょう。

　　　　　　　　　　　　　　　　　　　　　（中村　　剛）

〔44〕　新築分譲された住戸のゴミ集積所の事案

　お隣に住んでいた独居の高齢者が亡くなった後、古くからの建物が取り壊され、そこに4戸の建物が新築分譲されることになりました。分譲業者が訪ねてきて、これまでお隣さんとお向かいの3世帯で利用していたゴミ集積所を、これまでどおり利用させてもらいたいと言われました。しかし、集積所は6世帯で利用するには明らかに手狭で、収集日にはゴミがあふれることになるものとみられます。分譲する宅地に新しいゴミ集積所を作るよう求めることはできないものでしょうか。

対応のポイント

・従来のゴミ集積所の所有関係や管理状況を確認する。
・ゴミ集積所の所有関係及び従来の利用や管理の状況を踏まえ、分譲地側に新たなゴミ集積所の設置を求められる場合なのかどうかを検討する。

解　　説

1　ゴミ集積所の所有関係の確認

　新たな分譲地の購入者が、分譲前に利用されていたゴミ集積所の利用を継続できるのかどうかを検討するに当たっては、まず、ゴミ集積所の所有関係を確認することで、対応の目安が立てられます。

　ゴミ集積所の所有関係としては、①個人の単独所有、②従来の地主による共有、③自治体の所有のいずれかであることがほとんどです。

　このうち、①については、住民のうちの一人が自らの所有地の一部

をゴミ集積所とすることを申し出て、近隣の住民にその利用を許している形態です。②は、過去に一つの土地が複数に分譲される場合に、分譲を受けた者全員でゴミ集積所を共有する場合などに多く見られます。私道が共有される場合と同じく、かかる場合には、ゴミ集積所の共有持ち分は、売買の目的となる土地に付随して同時に権利の移転がされることがほとんどです。③は、公道その他の自治体の所有地にゴミ集積所が設けられているようなケースです。

2　新たなゴミ集積所設置の要否

　本件が上記1①のケースである場合、すなわち、相談者が、従来のゴミ集積所の土地を単独所有している場合には、その土地の利用は所有者である相談者の自由に委ねられるのが原則であり、かつて相談者が利用を承諾していた隣人との取決めの効力は、分譲地の新たな購入者には当然には引き継がれません。したがって、相談者が分譲地の購入者による利用を認めない場合には、分譲地側に新たにゴミ集積所を設けざるを得ないこととなります。

　一方、上記1②や③の場合には、相談者のみの意思でゴミ集積所の利用方法を決めることはできません。そこで、自治体が、各自治体におけるゴミ集積所の設置基準や従来の集積所の利用や管理の状態を踏まえ、新たなゴミ集積所を設置する必要があるかどうかを判断します。多くの自治体では、一定規模を超える開発や一定戸数を超える住宅分譲に当たっては、事前協議の上、事業区域内に十分な広さのゴミ集積所を設置することを必要としています。

　また、各自治体におけるゴミ集積所の設置基準に直接は該当せず、新たなゴミ集積所を設置する法律上の義務がない場合にも、従来、ゴミ集積所を管理していた自治会や近隣住民が反発しているようなケースでは、分譲地を購入した新たな住民との間でゴミ集積所の管理など

をめぐってトラブルが生じる可能性が高まります。

　住民間のトラブルを避けるため、分譲業者などに対し、分譲に当たり、任意に、分譲地内に新たなゴミ集積所を設置するよう勧めることも検討すべきでしょう。

（中村　　剛）

〔45〕　河川敷にバーベキュー後のゴミが散乱する事案

　河川敷にキャンプ・バーベキューを行う団体や家族連れが多く訪れますが、毎日大量のゴミが散乱しています。ゴミの散乱を防止するにはどうすればよいでしょうか。

対応のポイント

・ゴミの散乱状況を調査する。
・河川敷の管理者を把握する。
・ゴミの散乱防止という行為に着目した対策、キャンプ・バーベキュー行為自体に着目した対策を検討する。

解　説

1　河川敷におけるキャンプ・バーベキューの適法性

　河川は本来自由使用が原則であり、キャンプやバーベキューをすることも禁止されているものではありません（河川法参照）。

　もっとも、各自治体において、河川敷によるバーベキュー自体を制限する条例が制定されている場合があります。具体的な例としては、狛江市多摩川河川敷の環境を保全する条例があります。同条例は「バーベキュー等」を「火気を用いて食品を調理する行為」（同条例2四）と定義した上、市長が多摩川河川敷の一定の区域のうち多摩川河川敷環境保全区域として指定した区域におけるバーベキュー等を禁止しています（同条例8①・9）。そして、環境保全区域内でバーベキュー等をしようとする者に対しては、市長が中止を勧告することができ（同条例11一）、環境保全区域内でバーベキュー等をした者に対しては、2万円以

下の過料に処する罰則が規定されています（同条例12）。

　もっとも、各自治体の条例は自治体が管理する河川敷についてのみ適用されるものであり、国や私人が管理する河川敷については、条例による制限が及ばないことに注意が必要です。

2　河川敷におけるごみ投棄の違法性

　河川敷にごみを投棄することは、もちろん禁止されており、河川区域内の土地にごみを捨て、又は放置すると、3か月以下の懲役又は20万円以下の罰金という罰則があります（河川令16の4①二ハ・59二）。

　また、廃棄物処理法においても、みだりに廃棄物（「ごみ、粗大ごみ、燃え殻、汚泥、糞尿、廃油、廃酸、廃アルカリ、動物の死体その他の汚物又は不要物であって、固形状又は液状のもの（放射性物質及びこれによって汚染された物を除く。）」（廃棄物2①））を捨てた者について、5年以下の懲役若しくは1,000万円以下の罰金、又はこの併科という罰則があります（廃棄物16・25①十四）。

3　考え得る対処法

　上記のとおり、国、自治体、私人等管理者によって、取り得る対策が異なるものですから、当該河川敷がいずれの管理下にあるかに着目して対策を講じることが重要です。

　まずは、ゴミ箱の設置等を行い、ゴミ等の収集を河川敷管理者が担うことで、ゴミの散乱を防止するということが考えられます。

　また、前述のとおり、バーベキュー自体を制限することも考えられます。このとき、上記1の条例具体例のように河川法との関係に注意しながら河川敷に関する独自の条例を制定するほか、国の管理下にある河川敷については、河川法上の包括占用許可（河川24）を受け、河川敷を自治体が管理する都市公園と位置付け、都市公園条例に規定を設

けるとの方法も考えられます。

　もっとも、河川敷の利用は原則自由であることや地域との共存という面からも、安易にバーベキュー自体を禁止するという方法を選択するのではなく、苦情数や環境、地域住民に与える影響等問題の大きさに着目し、上記ゴミ箱の設置のほか、不法投棄の監視体制の整備（パトロールや防犯カメラ等）、河川敷におけるバーベキュースペースの有料化等の方法も検討してください。

> ### ワンポイントアドバイス
>
> 　自治体が相談を受けた場合、ゴミの散乱状況（キャンプ・バーベキューをする者によるのか、ゴミの発生状況、ゴミの種類等）を調査するとともに、ゴミの不法投棄禁止の看板の設置等即効性をもつ対策と、持続的なゴミの散乱防止に向けた長期的な対策との双方の観点から対策を講ずる検討を行うことが重要です。

（遠藤　真紀）

第 8 章

行政機関への嫌がらせ等

190

〔46〕　窓口におけるやり取りの録画・撮影の事案

　市民が、市庁舎内において、陳情行動を行う際、市民がその場面の動画録画あるいは写真撮影を行おうとする場合があります。これら録画・撮影行為を禁止することができますか。

　また、録画・撮影を禁止したにもかかわらず、これを無視して録画・撮影行為に出ようとした場合には、どのような対応をすることが可能でしょうか。市庁舎以外の場所で市民に対する説明会を開催する場合、動画の録画や写真撮影を禁止することはできますか。

対応のポイント

・庁舎管理条例を制定し、撮影は事前の許可が必要であることを定める。
・庁舎管理条例違反の撮影に対しては、庁舎管理者の指示、説得を行う。
・指示、説得を無視してビデオ録画あるいは写真撮影を強行する場合には、録画者・撮影者が庁舎内に立ち入ることを物理的に阻止すること、あるいは既に庁舎内にいる場合には、押し出す程度の有形力の行使を検討する。
・庁舎外における説明会では、開催通知やホームページにおいて、録画・録音を禁止する旨を明記すべきである。

解　説

1　庁舎管理権

（1）　庁舎管理権とは

　庁舎管理権とは、一般的に「公物管理者たる庁舎の管理者が、直接、国又は地方公共団体等の事務又は事業の用に供するための施設として

の本来的機能を発揮するためにする一切の作用」をいいます（原龍之助『法律学全集13−Ⅱ公物営造物法〔新版〕』235頁（有斐閣、1974））。この権利に基づいて、庁舎の管理者は、庁舎としての本来的機能を発揮するために必要な一切の措置をとることができ、庁舎内での動画や写真の撮影を一定の条件の下に禁止することができるのです。

　この庁舎管理権の法的根拠は、公物管理権、所有権（公共団体が所有している施設の場合）、賃借権（賃借している施設の場合）に基づくと考えられています。

　(2)　庁舎管理条例の制定の必要性

　無差別に庁舎内を録画や写真撮影されてしまうと、撮影者が撮影しようとした対象物以外に、その周辺の様子、背景までも全て画面内に取り込まれてしまいます。その結果、事務室内の資料、他の来庁者の姿も撮影されてしまう可能性があります。

　一方、地方公務員ら一般職の公務員は、職務上、守秘義務が定められており、正当な理由なく職務上の秘密を漏らした場合、処罰の対象となってしまいます。そうすると、執務をしている自治体の職員は、撮影者の撮影が始まった途端、執務に利用しているパソコンの画面を閉じたり、机上の書類を移動させたり、遮蔽物を置いたりするなどの対応を迫られてしまいます。

　他にも、撮影者以外の来庁者の姿が録画・撮影されることを防止するための措置を講ずる必要も生じます（肖像権の問題など）。

　そこで、庁舎管理権の適正な行使を確保する目的を実現するために、庁舎管理条例において、動画や写真撮影について、管理権者の事前の許可を必要とする旨を原則とし、公務員の執務及び来庁者の個人情報の保護に支障がないときには、許可することができる旨の規定を設けることが必要です。

　(3)　庁舎管理規則で定めている場合

　庁舎管理規則で動画や写真の撮影の原則禁止を定めているにすぎない場合、庁舎管理規則で来庁者の行為を規制することが可能かという

問題が生じてしまいます。なぜなら庁舎管理規則は、行政組織の内部的規律にすぎず、当然には住民の権利義務を制限することができないのではないかという問題があるからです。

　しかし、上述のとおり、庁舎管理権が所有権や賃借権に基づくものと考えられていることからすれば、法律の留保の原理に直接反することはないと考えられます。

　(4)　庁舎管理条例、庁舎管理規則の見直しの必要性

　現代では、録画・録音機器の発達により、誰もがいつでも簡単に録画・録音できるようになりました。一方で、庁舎管理条例や庁舎管理規則が制定されたのが一昔前の場合、録画・録音にまで配慮が及んでいないことも想定されます。

　そのような場合、早急に、庁舎内で「写真の撮影、録音、録画、放送その他これらに類する行為をするとき」には、あらかじめ庁舎管理者の許可を受けなければならない旨の規定を設けるべきです。

　(5)　録画・録音禁止原則の告知の重要性

　仮に、庁舎管理条例、庁舎管理規則で、事前の許可が必要である旨の規定を設けている場合、庁舎内の目立つ場所にそれらの禁止事項を掲示するなどして、庁舎利用者に告知・周知すべきです。

　庁舎の入り口や各課の窓口の目につく場所に、立て看板や張り紙で、「事前の許可なく写真の撮影、録音、録画、放送その他これらに類する行為を禁止します」と掲示すべきです。

　(6)　実　　例

　近時では、市が庁舎管理規則に基づいて撮影、録画その他これらに類する行為をすることを禁止している場合において、ある市民による庁舎内での動画撮影行為が、その態様等に照らすと、権利行使として相当と認められる限度を超えており、市の業務に及ぼす支障の程度が著しく、事後的な損害賠償を認めるのみでは市に回復の困難な重大な損害が発生するというべきであると評価し、平穏にその業務を遂行する権利に基づき、当該市民に対し、庁舎内における動画の撮影の禁止

を求めることができると判断した例もあります（千葉地判令2・6・25判自466・13）。

2　録画・撮影を禁止したにもかかわらず、これを無視して録画・撮影行為に出ようとした場合

(1)　指示・説得を試みる

来庁者が、庁舎内で録画・撮影行為を行った場合、まずは、庁舎管理者から、撮影者に対し、撮影を中止するよう指示し、説得をすべきことはいうまでもありません。

この中止の指示、説得をする際に効果的なのが、上述の禁止事項の掲示です。庁舎の入口や担当窓口に、事前の許可なく写真の撮影、録音、録画、放送その他これらに類する行為を禁止する旨の掲示がされていれば、説得がしやすくなります。

(2)　強行してきた場合

庁舎管理者から、中止するよう指示し、説得したにもかかわらず、撮影者が撮影を中止しない場合、庁舎管理者として、どのような対応がとれるでしょうか。

下級審判例の中には、議会において傍聴券を得られなかった集団が議員等の庁舎内への入場を阻止するために座り込んだのに対し、庁舎管理者が退去命令を行ったにもかかわらず、退去命令に従わなかった場合、「庁舎管理者は所属職員に命じて右集団を庁舎外に運び出し、あるいは押し出す程度の実力による排除行為をなし執務の正常な状態を回復しようとすることは許容されるところである」と判断するもの（東京高判昭52・11・30判時880・99）や、逮捕行為に対する抗議のために警察署内で抗議を行った集団に対し、庁舎管理者には、「官公署の職員に命じて、これを庁舎外に押し出す程度の排除行為をし、官公署の執務の本来の姿を維持する権能がある」と判断するもの（東京高判昭51・2・24判時819・102）などがあります。

このように、動画や写真の撮影により、庁舎内の執務、公務員の守

秘義務の履行、来庁者の肖像権の確保など支障が出ると判断される場合には、撮影者が庁舎内に立ち入ることを物理的に阻止すること、あるいは既に庁舎内にいる場合には、押し出す程度の有形力の行使は許されることもあるものと考えられます。

　ただし、有形力を行使するような場合は、緊急性と相当性の判断が非常に難しいことが予想されます。したがって、警察の協力を求めることを躊躇すべきではありません。

　加えて、訴訟に発展する可能性を含むことから、証拠化の必要性も高いといえます。したがって、一部始終の状況をこちらで録画する準備を怠らないようにし、すぐにでも録画をできる体制を維持すべきです。

3　庁舎外における説明会の場合

　庁舎外における住民説明会などの場合、上記の庁舎管理権は及びません。したがって、庁舎管理権を根拠に録画・録音の原則禁止を導くことはできません。

　また、自由闊達な議論を忌憚なく行うためには、録画・録音をすることが適切でない場合もあります。

　そこで、庁舎外における住民説明会などにおいて、録画・録音を禁止する場合、事前に交付する説明会開催通知やホームページにおいて、録画、写真撮影、録音を禁止する旨を明記する必要があります。事前に禁止を告知している説明会に参加した者との間に、録画・録音禁止について、黙示の承諾が成立したと評価することが可能になるからです。

　もちろん、説明会当日、説明会の開会に当たって、録画・録音が禁止されている説明会であることを説明すること、場合によっては、質疑応答部分だけでも議事録の要旨を作成して、希望者に対し事後に配布する措置を講ずるなどの措置を取るべきです。

（中村　英示）

〔47〕　ネットへの書き込み（やり取りの動画公開）の事案

　市民と窓口で対応した職員とのやり取りが、インターネット上に詳細に書き込まれており、それだけでなく、対応した職員を誹謗中傷するような書き込みもされていました。また、そのやり取りを録画した動画が、YouTubeで公開されていました。

> ### 対応のポイント
>
> ・表現の自由（知る権利）にも配慮する。
> ・名誉毀損、侮辱として警察に被害相談をする。
> ・投稿者の特定のために、書き込みは、日時、URLが表示される形で保存（スクリーンショット）しておく。
> ・庁舎管理権に基づく対応を行う。

解　説

1　表現の自由（知る権利）に資する行為としての側面

　一般論として、地方自治体職員の窓口での対応内容等をインターネット上に書き込むことは、憲法上も表現の自由（憲21①）として保障されており、法律上の問題が生じるものではありません。

2　名誉毀損、侮辱となる可能性

　ただし、こうした表現の自由も、無制限に保障されるというわけではありません。上記事案では、対応した職員を誹謗中傷するような書

き込みがあり、こうした内容を書き込んだ場合、法律上の問題が生じる可能性があります。

　まず、対応した職員について、その職員が特定できるようなかたちで、その社会的評価が低下するような具体的事実を書き込んだ場合、名誉毀損となる可能性があります。

　例えば、「職員の○○が対応の際、市民に暴力を振るったり、怒鳴りつけたり、馬鹿にするような発言をしたりした」などの内容を書き込むことが考えられます。書き込んだ内容が真実であった場合、違法性が阻却されますが（刑230の2③）、虚偽であった場合、名誉毀損罪（刑230①）が成立する可能性があります。

　具体的な事実の書き込みをしない場合、名誉毀損とはなりませんが、そのような場合であっても、職員を誹謗中傷するような書き込みは、侮辱となる可能性があります。例えば、具体的な根拠を示すことなく、「職員の○○が無能で馬鹿である」などの書き込みをした場合、侮辱罪（刑231）が成立する可能性があります。

　なお、書き込みの中で、その職員を特定する情報（名前など）が記載されていなかったとしても、上記事案のように動画が公開されていて、その職員の顔がはっきり分かるような場合には、特定性が認められ、名誉毀損や侮辱となる可能性があります。

　上記のように、犯罪の成立が認められる可能性もあるため、書き込みの内容がひどい場合には、警察に被害の相談をすることを検討しましょう。

　また、刑事上名誉毀損や侮辱となるような行為は、民事上の不法行為にも該当し、書き込んだ者は、その職員に対して、慰謝料の支払義務を負うことにもなります（民709・710）。

3　録画の公開

　庁舎の管理者は、庁舎管理権や平穏に業務を遂行する権利に基づき、庁舎内での録画により平穏な業務の遂行が阻害される場合、録画を禁止することができます（千葉地判令2・6・25判自466・13参照）。そのため、庁舎の管理者が録画を禁止しているにもかかわらず、庁舎内で許可を得ることなく録画をした場合、違法な行為となる可能性があります（〔46〕参照）。

　また、職員の承諾を得ずに、その職員の容ぼうがはっきり分かるように撮影する場合、肖像権の侵害となる可能性もあると考えられます。

　動画の撮影が違法である場合、当該動画を公開することも、違法となります。

　このような場合には、その動画が公開されたウェブサイト（YouTubeなど）の管理者に対し、動画の削除を請求することができます。ウェブサイトの管理者が、任意に請求に応じてくれない場合、仮処分の申立てや訴訟を提起する必要があります。

　なお、公開された動画に悪質な改変、編集等が行われ、職員の社会的評価を低下させるような内容となっていた場合、名誉毀損となる可能性もあります。

ワンポイントアドバイス

　インターネット上で誹謗中傷の書き込みが行われた場合、犯人の特定のために、プロバイダ責任制限法（特定電気通信役務提供者の損害賠償責任の制限及び発信者情報の開示に関する法律）に基づき、発信者情報開示請求手続を行うことがあります。

　この発信者情報開示手続の際に、誹謗中傷の書き込みが行われた投稿日時、投稿内容、投稿日時のURLが、発信者の特定のために必要で

す。そこで、書き込みに気づいたらすぐに、スクリーンショットをしておきましょう。

　また、インターネット掲示板・SNSを運営しているコンテンツプロバイダー会社が、投稿者に紐づくIPアドレス等の情報（ログ）をずっと保存しているわけではありません。

　そこで、被害に遭ったことに気付いたら、速やかに警察、弁護士等への相談をした方がよいでしょう。

　詳しくは、〔33〕を参照してください。

（森　伸恵）

〔48〕　長時間にわたるクレームの事案

　先日、ある市民の方が窓口を来訪し、〇〇給付金の申請をしたいとのことだったのですが、その方は対象ではないためその旨ご回答したところ、「そんなはずはない」「他の自治体であれば給付される」などと繰り返し、そのうち「お前のその態度は何だ。社会人として失格だ」「上の者を出せ」などと騒ぎ出し、係長が対応したところ、「お前らの指導がなっていない」「税金泥棒」などと罵倒し始め、そのうち「おれがここに住み始めた40年前はこんな風ではなかった」「おれが勤めていた会社は…」などと関係のない話を延々とし、やめさせようとすると激高するため、結局夜の10時まで対応せざるを得ませんでした。何か適切な対応方法はあったのでしょうか。

対応のポイント

・正当クレームと悪質クレームを見分ける。
・クレーム対応の流れを意識する。
・悪質クレーム対応のポイントを把握する。
・110番通報をためらわない。

解　説

1　正当クレームと悪質クレーム

(1)　正当クレームと悪質クレームの見分け方

　夜10時までという長時間のクレーム対応、本当にお疲れ様でした。本件のようなクレーム対応においては、正当クレームと悪質クレー

ムを見分けることが必要になります。そもそも、クレームとは、「顧客や市民からの企業や自治体に対する苦情」です。そして、このクレームは、正当なものと悪質（不当）なものに分けられます。

　ここで、いかなるクレームが悪質クレームに当たるかというと、「要求の内容や態様が不当なクレーム」が悪質クレームとなり、それ以外、すなわち要求の内容と態様のいずれも正当なものが正当クレームとなります。要求の内容と態様の双方が不当なものはもちろん、内容か態様のどちらか一方が不当であれば悪質クレームとなります。

　ここで、「内容が不当」とは、法的な権利義務関係がないことをいいます。要求の法的根拠を欠いていると言い換えることもできます。

　これに対し「態様が不当」とは、要求態様が社会通念上の相当性を欠いていることをいいます。暴行や脅迫に及ぶことはもちろん、執拗、長時間にわたるなど、一言でいえば「非常識」な態様ということです。

　このように、クレーム対応においては、当該クレームが正当なのか悪質（不当）なのかを見分けることが必要になります。

　(2)　本件について

　本件では、詳細は分かりませんが、この方が○○給付金の対象でないのだとすると、それにもかかわらず「そんなはずはない」などと言って○○給付金の支給を求めているのは、内容が不当ということになります。

　また、態様も、「税金泥棒」などと罵倒した挙句、関係のない話を延々とし、やめさせようとすると激高し、結局夜10時という通常の閉庁時間と思われる午後5時を大幅に過ぎている遅い時間まで長時間居座ったわけですので、当然非常識な態様であり、不当ということになります。

　以上より、内容も態様もいずれも不当な悪質クレームということになります。

2　クレーム対応の流れ

（1）　クレーム対応の流れについて（総論）

以上のような正当クレームと悪質クレームの見分け方とともに、クレーム対応において非常に重要なポイントは、クレーム対応の流れを意識することです。

ここで、クレームは、当初の段階ではそれが正当か悪質か分かりません。そのため、「悪質クレーム対応の流れ」ではなく、あくまで「クレーム対応の流れ」であることを意識すべきです。

そして、クレーム対応の流れは、①聞く⇒②調べる⇒③判定する⇒④伝える⇒悪質クレームの場合は⑤繰り返す⇒⑥排除するという流れになります。①〜④は正当クレームも悪質クレームも共通であり、正当クレームの場合は⑤履行するということになります。

以下、具体的に述べます。

（2）　クレーム対応の流れについて（各論）

　ア　①聞く

クレーム対応は、まず①聞くことになります。大きく分けて、ⓐ事実関係（「何があった」）とⓑ要求内容（「だからどうしてほしい」）を聞くことになります。

この段階では聞くことに徹します。たとえ相手方の態度や言動が疑わしくても、悪質クレームだと決めつけず、先入観を持たずにしっかりと聞かなければなりません。

なお、ⓑ要求内容については、なかなか聞きにくい場合もありますが、可能な限り聞くべきです。

　イ　②調べる

次に、②調べます。①で聞いた内容のうち、特にⓐ事実関係の有無について、客観的・中立的に調べるということです。

客観的な資料はもちろん、関係する職員や第三者へのヒアリングも

行います。

　ここで、同じ職場の職員だからといって、供述内容を鵜呑みにしてはいけません。職員も虚偽供述（嘘など）をすることはあり得ます。自分や周りの人を守るために嘘をついてしまうことはどうしてもありますので、鵜呑みにせず、中立的にヒアリングを行う必要があります。

　この②調べる段階も、調査に徹します。決して③判定したり、④伝えたりしてはいけません。

　　ウ　③判定する

　②調べた後は、③判定します。②で調べた結果、①で聞いた@事実関係があるのか、あるとすれば⑥要求内容にどの程度応じるのか（又はその他に適切な対応方法があるのか）等を判定することになります。

　@事実関係の有無については、しっかり①聞き、客観的・中立的に②調べた結果を踏まえ、判定していくことになります。

　そして、@事実関係がある場合、法的な権利義務関係があるのかを判定し、ある場合には⑥要求内容に全部又は一部応じる（若しくはその他に適切な対応方法をとる）ことになります。

　⑥要求内容への応じ方については、あくまで「こちらの落ち度と相手方の損害の程度に応じた対応」をすることになります。

　その上で、必要に応じ、謝罪もすることになります。

　これに対し、@事実関係がない場合や、あっても法的な権利義務関係がない場合は、⑥要求内容には応じないことになります。なお、法的責任まではないもののこちらに落ち度があるような場合には、その点について謝罪をすることはあり得ます。

　以上に対し、難しいのは、しっかり①聞いて、②調べたものの、@事実関係の有無が不明な場合です。このような場合、訴訟になっても請求者側が主張立証しなければならないということで応じないという結論もあり得ます。反対に、事実関係が不明であり、法的責任はない

かもしれないがあるかもしれないということで、「サービス」で応じるという結論もあり得ます。

　どちらが正解ということはありませんが、重要なのは、「顧客（市民）平等主義」の観点です。同じような事案が生じた場合、同じ対応をとるか（とれるか）、しっかり検討する必要があります。顧客や市民によって対応を変えてはならないということです。

　なお、自治体の場合は、企業のように「サービス」は行えないかもしれません。そうだとすると、応じないという対応か、「応じる」と「応じない」の中間的な対応として、裁判所に民事調停を申し立てて、裁判所を交えた話合いを行うということも考えられるかと思います。

　　エ　④伝える

　③判定した後は、④伝えます。③で判定した結果を伝えます。

　この点、悪質クレームと判定された場合には特に、書面で伝えるのがよいです。書面であれば相手方から邪魔をされずに理路整然と伝えることができます。また、口頭よりも伝えたことを記録化しやすいという点もあります。さらに、この後の⑤繰り返すことが容易になります。

　書面の渡し方としては、ケースバイケースではありますが、基本的には郵送で送付するのがよいと思われます。

　なお、悪質クレーマーに書面を渡すことを恐れる方がいらっしゃいますが、それは揚げ足をとられたり、「一人歩き」することを恐れているのだと思います。ですので、揚げ足をとられず、「一人歩き」しても大丈夫な書面を作成することになります。

　また、書面に記載する内容については、ケースバイケースですし一般化するのは難しいのですが、結論を明確に記載する、必要であれば理由を端的に記載することとなります。揚げ足をとられないためにも「余計なことは記載しない」という意識も重要です。

　　オ　⑤繰り返す

　④で伝えたにもかかわらずクレームが止まないときは⑤繰り返します。④伝えた内容を繰り返すということです。

　繰り返し方としては、「先日書面でお伝えしたとおりです」と繰り返せばよく、むしろそれがベストです。

　ここで、悪質クレーム対応の目標は、あくまで悪質クレームに「応じないこと」です。ここで絶対に誤ってはいけないのは、説得したり、納得させたりすることではないということです。なぜなら非常識なクレーマーは、絶対に納得しないからです。

　そのため、④で伝えたにもかかわらずクレームが止まないときは、ひたすら⑤繰り返すのです。言い換えも避けるべきです。通常の会話では、相手が理解や納得ができていないときは、理解や納得を得やすくするために言い換えを行いますが、悪質クレーム対応では言い換えてはいけません。揚げ足とりの材料に使われるためです。

　そのため、「書面でお伝えしたとおりです」と繰り返す。平行線になればよいという意識で対応することになります。

　　カ　⑥排除する

　⑤繰り返してもクレームが止まないときは、法的手段で⑥排除することになります。

　法的手段は大きくⓐ民事とⓑ刑事に分けられます。

　ⓐ民事の手続としては、まず内容証明郵便で④で伝えた内容を伝えつつ、今後もクレームをやめないときは法的手段をとる旨警告するのがよいでしょう。

　それでも止まないときは、いわゆる「不作為の仮処分（面会強要、架電、街宣等の各禁止の仮処分）」を申し立てることが考えられます。また、要求されている債務がないことを確認してもらう「債務不存在確認請求訴訟」を提起したり、反対に損害が生じているとして損害賠

償請求訴訟を提起することも考えられます。

　次に、ⓑ刑事の手続としては、ケースバイケースですが、脅迫罪（刑222）、暴行罪（刑208）、強要罪（刑223）、恐喝罪（刑249）、偽計業務妨害罪（刑233）、威力業務妨害罪（刑234）、名誉毀損罪（刑230）、信用毀損罪（刑233）等で刑事告訴することが考えられます。

　また、不退去罪（刑130後段）で現行犯逮捕等してもらうことも考えられます。

　詳しくは後述しますが、まずは「非常識な態様」で困ったときには（特に身の危険を感じるときは必ず）、ためらわずに110番通報することです。

　また、いきなり刑事告訴等するのではなく、事前に所轄の警察署に相談をしておくべきです。

　　キ　以上のようなクレーム対応の流れを意識しながら進めていくのが重要になります。

　(3)　本件について

　本件では、詳細は分かりませんが、主張する事実関係としてはこの方が○○給付金の対象であり、そのため○○給付金を支給してほしいという要求のようです。そうだとすれば、しっかりかかるⓐ事実関係とⓑ要求内容を①聞き、この方が○○給付金の対象か否かを②調べた上で、対象でないということが確認できたのであれば、その要求には応じられないと③判定できることになります。

　そうすると、かかる③判定結果を④伝えれば、あとはそれを⑤繰り返すことになります。

　⑤繰り返しても要求が止まず、関係のない話を延々としたり、それを止めようとすると激高したりしていたのであれば、⑥排除せざるを得ないことになります。具体的には、後述するような不退去罪（刑130

後段）の流れを踏んだ上で、110番通報するのがよかったように思います。

3　悪質クレーム対応のポイント

ここで、悪質クレーム対応のポイントをいくつか挙げておきます。

(1)　目標はあくまで悪質クレームに「応じないこと」！

まず、重要なのは、悪質クレーム対応の目標はあくまで悪質クレームに「応じないこと」です。

説得したり、納得させたり、ましてや言い負かすこと等ではありません。ここは非常に重要ですので意識していただきたいと思います。

(2)　「毅然とした対応」（「毅然とした態度」ではない）

また、よく「毅然とした対応」と言われますが、態様（口調や態度等）はあくまで丁寧にしなければなりません。「負けまい」などと思って荒っぽい口調にしたり、虚勢を張って高圧的な態度をとったりすることは絶対にNGです。

回答の「内容」を毅然とすればよく、「態様」はくれぐれも丁寧にして下さい。

なお、前述した目標とも関わりますが、格好悪くても全く問題ありません。恐くて当たり前です。手や声が震えてしまったり、声が上ずったりしてしまっても問題ありません。「応じられません」とか「書面でお伝えしたとおりです」などと内容を毅然とすればよいのです。

(3)　「組織的対応」の重要性

さらに、「組織的対応」が重要です。悪質クレームに対しては、組織のトップから末端の職員まで、一丸となって対応すべきです。

そのため、ある職員に悪質クレームの対応を押し付けて孤立させてはいけないことはもちろん、対応する職員の側でも、自分一人で抱え込んで孤立してもいけません。特定の職員が一人で対応していると、悪質クレーマーの攻撃が止まず、当該職員が病んでしまったり、裏取

引に走ってしまったり、最悪の場合には「こいつさえいなければ」などということで凶悪事件のターゲットになりかねません。

　(4)　「お客様(市民)は神様」ではない

　最後に、「お客様(市民)は神様」ではないということです。

　そのような誤った「お客様至上主義」は排除し、「お客様(市民)平等主義」の観点から対応すべきです。

4　110番通報をためらわない

　最後に、110番通報をためらわないということも重要です。

　(1)　成立し得る犯罪の例

　悪質クレームの態様によっては、前述したように、脅迫罪(刑222)、暴行罪(刑208)、強要罪(刑223)、恐喝罪(刑249)、偽計業務妨害罪(刑233)、威力業務妨害罪(刑234)、名誉毀損罪(刑230)、信用毀損罪(刑233)、そして不退去罪(刑130後段)等に該当します。

　(2)　不退去罪成立のための流れ

　なお、不退去罪成立のための流れとしては、まず「退去してください」「お帰りください」と明確に伝え、退去しない場合には、「退去していただけないと不退去罪が成立します。退去してください」と明確に伝え、それでも退去しない場合には、「最後の警告です。退去してください」と伝えるとともに「退去していただけない場合には警察に通報させていただきます」と伝え、それでも退去しない場合には110番通報するのがよいでしょう。

　そして、この一連のやり取り(最初の退去命令から)を、可能な限り動画撮影しておくべきです。

　(3)　ためらわずに110番通報！

　以上のように、悪質クレームの態様によっては、前述したような犯罪が成立し得ますので、ためらわずに110番通報すべきです。

犯罪の成否が分からなくても、まずは「非常識な態様」で困ったときには（特に身の危険を感じるときは必ず）、ためらわずに110番通報しましょう。

　なお、110番通報して、警察官に臨場してもらえたからといって、必ずしも逮捕や立件をしてもらえるわけではありません。ですが、警察官が臨場したことによってクレーマーが逮捕や立件を恐れ、その場を退去したり、その後のクレーム自体が止むことがあります。また、スムーズに話合いができるようになることもあります。

　そのため、ためらわずに110番通報すべきです。

┌─────────────────┐
│ ワンポイントアドバイス │
└─────────────────┘

　本件では夜10時という通常の閉庁時間と思われる午後5時を大幅に過ぎている遅い時間まで長時間クレーム対応をされたわけですが、本文に記載したような不退去罪成立の流れを踏んだ上で110番通報する前に、閉庁時間の前（例えば15分ほど前）に、そろそろ閉庁時間であることを告げて退去を促してもよかったと思います。

　もちろん、それで素直に退去したかは分かりませんが（多くのクレーマーはその程度では退去しないのですが）、もしかしたら退去するかもしれませんし、退去しなくても、こちらがしっかり閉庁時間を告げて退去を促した（それにもかかわらず退去しなかった）ということになり、その後の不退去罪等の成立を主張しやすくなりますので、閉庁時間を告げて退去を促すのがよかったかと思います。

（木村　裕史）

〔49〕　区長や職員への謝罪要求・訪問要求の事案

　前項〔48〕の方が、後日、「区長と話し合う必要があるから区長を出せ」「区長を出さないなら区長の自宅に行く」などと言い出しました。また、「最初に窓口対応した職員と課長の謝罪が足りない」「おれの家に謝罪に来い」などと言い出しました。どうすればよいでしょうか。

┌─ 対応のポイント ─────────────────┐

・「区長を出せ」等に対しては「私が担当者（責任者）です」。
・「区長の自宅に行く」に対しては「しかるべき対応をとらせていただきます」＋警戒態勢をとる。
・謝罪すべきことについては謝罪し、すべきでないことについては謝罪しない。
・余程のことがない限り謝罪のために自宅に赴く必要はないし、赴くべきでない。

└──────────────────────────┘

解　説

1　悪質クレーム対応について

　本件は、〔48〕のその後になります。

　悪質クレームの見分け方、クレーム対応の流れ、悪質クレーム対応のポイントについては〔48〕をご参照ください。

2　「区長を出せ」等に対して

　(1)　「上の者を出せ」等に対する対応

　「上の者を出せ」「区長を出せ」などというのは悪質クレームで頻出

のセリフです。

　このようなことを言われた場合には、「私が担当者（責任者）ですので私が対応いたします」と述べて、対応していくこととなります。

　なお、区長などの「トップ」の方に対応させないのは、多忙ということももちろんありますが、権限がある方が直接対応すると、権限がある以上即答できるはずなので、即答を求められて対応に苦慮するためです。そのため、「トップ」の方に直接対応させようとしてはいけませんし、「トップ」の方が直接対応しようとすることも控えるべきです。

　(2)　「上の者を出せ」の一点張りの場合

　「私が担当者（責任者）ですので私が対応いたします」と繰り返しても「上の者を出せ」の一点張りの場合はどうでしょうか。

　この点、例えば（①聞く⇒②調べる⇒③判定する⇒④伝える⇒）⑤繰り返すの段階であれば、もはや悪質クレームということが判定されており、こちらの回答も伝えている以上、「私が担当者（責任者）ですので私が対応いたします」と繰り返せばよいことになります。

　これに対して、例えば①聞くに至っていないような場合、そもそもクレームの内容が分からず、正当クレームなのか悪質クレームなのかも分からないことになります。そのような場合には、「組織的対応」の観点から、近くにいる同僚や上司が積極的に加わり、クレームの内容を聞くようにすべきと考えます。もっとも、それでも「上の者を出せ」と言い続けるのであれば、そこで話を打ち切るべきでしょう。

3　「区長の自宅に行く」等に対して

　本件では「区長を出さないなら区長の自宅に行く」などと言い出しているようです。

　このような「区長の自宅に行く」とか「インターネットにアップする」とか「監督官庁に通報する」とか、こちらが困るようなことをす

る旨告げられた場合には、「（良いとも悪いとも申し上げる立場にござ
いませんが、違法な行為には）しかるべき対応をとらせていただきま
す」と回答するのがよいと思われます。

　これに対し、虚勢を張って「好きにしてください」「どうぞ」「やれ
るものならやってみな」などと言ってしまうのは、（態度や言葉遣いが
悪いのみならず）承諾したことになりかねませんので避けるべきです。

　また、「やめてください」「困ります」などと言うのも、弱気な姿勢
を見せてしまい、押せば要求に応じると思わせてしまうおそれがあり
ますので、控えるべきです。

　なお、「要求に応じなければ○○するということですか？」「それは
（恐喝、強要、脅迫）に当たるのではないですか？」という切り返し
もあります。前述した「しかるべき対応をとらせていただきます」よ
りも攻めの切り返しでかっこいいのですが、くれぐれも挑発にならな
いように気を付けるべきです（上級者向けのテクニックと思われます
ので、余りお勧めしません。）。

　以上のように、クレーマーに対しては「しかるべき対応をとらせて
いただきます」と告げつつ、もしかすると本当に区長の自宅に来るか
もしれませんので、念のため警察にも相談の上、しばらく警戒態勢を
とっておくべきでしょう。

4　クレーム対応における謝罪について

(1)　謝罪すべきことについては謝罪する

　本件では、最初に対応した職員の方と課長の謝罪が足りないなどと
言われているようです。

　本件が謝罪すべき事案かどうかはわかりませんが、クレーム対応に
おける謝罪については、結局は「謝罪すべきことについては謝罪し、
すべきでないことについては謝罪しない」ということになります。

　当然といえば当然なのですが、よくあるのが「クレーム対応において
は謝罪をしてはいけない」などと考え、本来は謝罪すべき場面でも
しっかりと（又は全く）謝罪をしないということが見受けられます。

　しかし、謝罪すべきことについては謝罪すべきです。謝罪すべきこ
とすら謝罪しないと余計にこじれますし、正当クレーマーを悪質クレ
ーマー化させてしまうことにもなりかねません。そのため、過度に謝
罪を恐れず、謝罪すべき場面では早めにしっかりと謝罪すべきと考え
ます。

　なお、謝罪の仕方ですが、慎重に対応するのであれば、「○○したこ
とについては申し訳ございませんでした」などと何について謝罪して
いるのかを特定するとよいでしょう。

　(2)　謝罪のために自宅に赴くこと

　次に、本件ではクレーマーの自宅に謝罪に来いと言われているよう
です。

　しかし、一般論として、余程のことがない限り（こちらに重大な落
ち度があり、相手方に多大な損害が生じていない限り）、謝罪のために
自宅に赴く必要はなく、また赴くべきでもありません。

　相手方の自宅には何があるか、誰がいるかわかりませんし、暴行や
監禁等されるようなおそれもありますので、余程のことがない限りは
自宅に赴くべきではありません。

```
ワンポイントアドバイス
```

　「余程」のことがあり、クレーマー（や被害者等）の自宅に赴くよ
うな例外的な場合には、万一のときに備えた十分な準備が必要です。

　具体的には、必ず複数人で赴くようにし、自宅の外に「○時○分ま
でに出てこなければ連絡する」といったバックアップ役を残すなどの

工夫が必要になります。

　また、暴行脅迫等のおそれがある場合には、牽制するために「録音させていただきます」と言って録音したり（告知録音）、牽制が主目的でなく万一のときの証拠確保が主目的であれば告知せずに録音したり（秘密録音）することも必要です。

　さらに、防犯ブザー等を携帯することも考えられます。

　加えて、必要に応じて事前に警察に相談しておいた方がよいでしょう。

　　　　　　　　　　　　　　　　　　　　　　　　　　（木村　裕史）

〔50〕　職員に対するセクハラ事案

　先日、窓口で対応した男性市民の方から、「かわいいね」「指輪してないけど結婚してないの？」「今度遊びに行かない？」などと言われました。適当に流そうとしたのですが、そのうち「色っぽいね」「すごいタイプ」などと言われて本当に気持ちが悪かったです。どうすればよかったのでしょうか。

対応のポイント

・「お客様は神様」ではない。お客様（市民）平等主義の意識を持つ。
・業務に直接関係しない話題は対応する必要がない。
・セクハラ発言は不法行為が成立し得るが、不法行為に至らない発言であってもやめるよう注意・警告したい。
・担当者を変更するか、少なくとも複数対応すべき。

解　　説

1　「お客様は神様」ではない

　本件では、窓口対応した市民から、「かわいいね」「色っぽいね」「すごいタイプ」などと言われ、非常に気持ち悪い思いをしたということです。

　本当に災難だったと思います。

　前提として「お客様は神様」ではないということについて、〔26〕をご参照ください。

　多くの自治体職員の皆様は、我慢し過ぎているように見受けられま

す。税金を財源として行政サービスを提供する自治体という立場や、録音録画機器及びインターネットの普及に伴い不平不満や誹謗中傷が容易に拡散される現代社会であっても、我慢し過ぎる必要はありません。「ダメなものはダメ」ということで、勇気をもって毅然と対応していただけたらと思います（「毅然とした対応」の意味については〔48〕をご参照ください。）。

2　業務に直接関係のない会話

当然のことですが、役所は、市民に対する行政サービスの提供という業務を行う場であり、業務に直接関係のない話題については、そもそも対応する必要がありません。

もちろん、円滑な行政サービスの提供や、その場を明るくするという観点等から、業務に直接関係のない会話をしても構いませんが、それはあくまで双方が望んでいる場合に、他の業務に支障がない範囲に限るべきです。

3　セクハラ発言への対応

(1)　市民の性的言動とセクハラ

本件では、「かわいいね」「指輪してないけど結婚してないの？」「今度遊びに行かない？」「色っぽいね」「すごいタイプ」などと言われたということです。

現代社会において、これらの発言が他の職員からなされた場合、セクシュアルハラスメント（セクハラ）に該当し、懲戒処分等の対象になり得ることは言うまでもないことと思われます。

これに対し、市民からなされた場合はどうでしょうか。市民の場合には、職員ではないので、（被害者の職場における）懲戒処分ということはありません。ですが、市民による性的言動も、「職場における性的

な言動」（雇均11①参照）であり、セクハラに該当し得ます。

　(2)　セクハラ発言と不法行為等

　その上で、市民のセクハラ発言は、業務に直接関係のない話題ですし、当然こちらが不快になるものですので、上記2で述べたように、対応する必要はありません。

　そして、身体的な接触がないセクハラ発言のみであっても、場合によっては不法行為（民709）が成立し得ます。

　不法行為に至らない程度の発言であっても、前述したように業務に直接関係がなく、こちらが不快になるものに対しては、やめるよう注意ないし警告して構いませんし、可能な限り注意等されるのがよいかと思います。

　もっとも、セクハラ発言をされた本人が直接やめるよう注意等することは難しい場合もありますし、適当でない場合もあります。そのため、セクハラ発言をされた場合には、可能な限りその場で他の職員に報告し、対応を代わってもらったり、少なくとも複数対応に切り替えるのがよいと思われます（その上で、交代ないし加わってもらった職員から、必要に応じて注意等してもらうのがよいでしょう。）。

4　組織的対応

　事業主には、セクハラ防止のための雇用管理上の措置を講じる義務があり（雇均11①）、自治体にもこの規定は適用されます（雇均32参照）。また、自治体には安全配慮義務（労契5参照）もあります。そして、自治体ごとに具体的な規定は異なりますが、人事院規則10—10（セクシュアル・ハラスメントの防止等）に準じたセクハラ関連規定を設けていることが多いようです。

　かかる法令等からも、職員が市民からセクハラ被害を受けていることが分かったら、上司や周囲の職員は、速やかに担当者を変更したり、少なくとも複数対応するなどして、職員を守る必要があります。

ワンポイントアドバイス

　本件は、男性市民の女性職員に対するセクハラ事例ですが、セクハラについては、典型的ともいえる男性職員から女性職員に対するものはもちろん、女性職員から男性職員、男性職員から男性職員、女性職員から女性職員、男性職員から女性市民、女性職員から男性市民など様々なものがあり、誰しもが加害者・被害者になり得ます。

　そして、ある言動がセクハラに該当するか否かは、当該行為を受けた本人の主観のみならず、客観面も考慮されることになりますが、明確な判断基準はなく、結局はその時代の社会通念上相当の範囲内か、つまりは「常識」に照らしてアウトか否かということになります。

　「常識」は時代によって変わり得ます。とりわけ各種の「ハラスメント」については、一昔前は許されていたものが今は許されないということも少なくありません。今の「常識」に敏感になり、言動が「常識」の範囲を逸脱しないように注意しましょう。

（木村　裕史）

ケース別
地域社会の迷惑行為
困難事案対応のヒント

令和5年10月30日　初版発行

共編　　中村　剛
　　　　中村　英丈
　　　　古屋　順示

著　　　遠藤　真紀
　　　　荻野　友輔
　　　　木村　裕史
　　　　森　　伸恵

発行者　新日本法規出版株式会社
　　　　代表者　星　謙一郎

発　行　所　新日本法規出版株式会社

本　　社
総轄本部　（460-8455）　名古屋市中区栄1－23－20

東京本社　（162-8407）　東京都新宿区市谷砂土原町2－6

支社・営業所　札幌・仙台・関東・東京・名古屋・大阪・高松・広島・福岡

ホームページ　https://www.sn-hoki.co.jp/

【お問い合わせ窓口】
新日本法規出版コンタクトセンター
☎ 0120-089-339（通話料無料）
●受付時間／9：00～16：30（土日・祝日を除く）